中国工会工作品牌丛书

职工书屋

WORKER BOOKHOUSE

张帆　张爱民◎编著

中国工人出版社

PREFACE/前 言

打造工会品牌　服务职工群众

品牌，是被社会普遍认同、有代表意义和影响力的产品。工会工作品牌，是体现工会组织特点、被职工群众广泛接受、社会认可度高、成效显著的工作项目。改革开放以来，各级工会组织在党的领导下，以服务职工为己任，锐意创新，不懈努力，逐步形成了一批党政认同、社会关注、职工群众欢迎的工会工作品牌。

创始于1992年的“送温暖工程”，从以下岗困难职工为主要对象的“两节”慰问走访的“进万家门、知万家情、解万家难、暖万家心”活动，发展到凸显“制度保障”作用，将党和政府保障民生的政策资源系统集成的“送温暖工程”。各级工会组织不断加大送温暖资金投入的力度，惠及广大职工群众，成为工会服务职工群众的一道亮丽风景线。

从 1985 年起，中华全国总工会启动“五一劳动奖状奖章”（2016 年统称为“五一劳动奖”）的评选表彰。其中，五一劳动奖状授予在我国境内依法注册或登记的非跨地区的企业、事业、机关、社会组织和其他组织以及驻外机构，五一劳动奖章授予中国籍员工。“五一劳动奖”是中国工人阶级最高奖项之一，是每一个劳动者、劳动团体的光荣与梦想。

从 2015 年“五一”国际劳动节开始，中华全国总工会联合主要新闻媒体陆续推出一批我国广大一线技术工人的杰出代表，采取有力措施叫响做实“大国工匠”品牌，唱响了以劳动托起中国梦的时代赞歌。各级工会充分发挥“大国工匠”的示范带动作用，推动建设我国高素质职工队伍，造就出更多的“大国工匠”。

自 2007 年起，中华全国总工会开始部署创建工人先锋号活动，2008 年命名首批全国“工人先锋号”。今天，这一彰显“一流工作、一流服务、一流业绩、一流团队”的荣誉称号，已经成为班组建设的助推器、培育高素质技工的学校和劳动竞赛活动的重要品牌。

2007年10月9日，中华全国总工会下发《“职工书屋”建设实施意见》，一项惠及广大职工群众的公益文化工程就此拉开序幕。历经15年发展，职工书屋（电子职工书屋）已经成为工会服务职工的文化工作品牌，成为广大职工群众读书学习的精神家园。

1983年，中共中央书记处作出了要把工会组织建成职工之家的重要指示。1984年，中华全国总工会在基层广泛深入开展建设职工之家活动。今天，职工之家成为充分发挥广大职工积极性主动性创造性的重要途径，成为职工群众喜爱的家的港湾。

新时代特别是中国工会十七大以来，各级工会以习近平新时代中国特色社会主义思想为指导，贯彻落实习近平总书记关于工人阶级和工会工作的重要论述，以忠诚党的事业、竭诚服务职工为己任，围绕中心、服务大局，守正创新、勇毅前行，助推新时代工会工作创新发展，也为工会优势服务品牌注入了新的内涵。

践行新时代新要求，面对各级工会持续深化改革创新的生动实践，中国工人出版社启动“中国工会工作品牌丛书”修订工作，着重梳理“送温暖工程”、“五一劳动奖”、“大国工匠”、“工人先锋号”、“职工书屋”和“职工之家”等工会工作品牌在新时代的发展创新，为促进工会高质量发展聚力赋能。本丛书聚焦各级工会立足新时代中国特色社会主义新方位、全面深化改革新阶段，团结动员广大职工为推进中国式现代化建功立业的扎实作为，生动展现了工会组织按照党中央关于群团改革的新部署新要求，不断增强政治性、先进性、群众性，最广泛最紧密地把职工群众团结在党的周围，奋力谱写新时代工运事业和工会工作新篇章。

改革创新是时代发展的最强音，也是工运事业蓬勃发展的不竭动力。随着工会工作的不断推进，传统的工会品牌工作被赋予新的内涵，新时期工会改革创新成果正不断涌现，我们将及时进行总结，以更好地反映和展示工会工作品牌建设的最新成果。

CONTENTS / 目 录

引　言

2008年1月3日，对于全国数亿职工来说，这是一个值得纪念的日子。

上午10时，全国工会职工书屋建设工作电视电话会议在全国总工会机关大楼第三会议室隆重举行，各省、自治区和直辖市同时设立了分会场。此次会议的内容是动员、部署全国工会职工书屋建设工作。

会上，北京市总工会、福建省总工会、大连市总工会和河南省安阳市内黄县总工会从全国总工会领导同志手中接过了“职工书屋”的牌匾，并就各自建设职工书屋、职工读书站的经验，向全国各级工会组织、工会干部们做了精彩发言。

这次大会是一个号召，是一次动员，吹响了神州大地创建职工书屋工程的号角！从此，这项由全国总工会统一命名并主导推动的文化品牌建设工程，在祖国大江南北的一线职工特别是农民工工作和居住相对集中的基层企事业单位、城市社区、工业园区、乡（镇）村、重点建设项目工地建立起来，不断满足广大职工日益增长的精神文化需求，逐步走进普通职工的日常生活。

在各级工会组织的共同努力下，截至 2022 年底，全国累计建成职工书屋示范点 1.5 万家，带动各地工会建成职工书屋 15 万余家，覆盖职工 9000 多万人；建成电子职工书屋阅读系统，普惠职工 2500 多万人；连续举办六届全国工会职工书屋主题阅读交流活动，累计参与活动职工超过四亿人次……

未来，职工书屋工程还将进一步延伸、创新，不断完善这个亿万职工的精神文化家园。

第一章

破　土

我国工会组织职工开展读书活动的光荣传统由来已久。20世纪50年代，工会就在全民扫盲运动中，发动广大职工开展声势浩大的读书活动。1982年4月30日，上海市总工会、团市委、市出版局、解放日报社决定发起振兴中华读书活动，动员了全市20万余名职工踊跃参加，建立了一万多个读书小组。1983年4月21日，全国总工会在上海市召开全国职工读书活动经验交流会，全国29个省、自治区、直辖市和16个城市的代表参加了会议。1983年5月21日，全国总工会作出《关于在全国职工中开展读书活动的决定》。5月30日，党中央领导在中南海接见上海市振兴中华读书活动报告团并听取汇报。6月14日，中共中央在全国总工会党组《关于在职工中开展读书活动的报告》的批复中指出，上海工人首倡并正在向许多省、自治区、直辖市展开的振兴中华职工读书活动，是群众自觉进行自我教育，掌握政治理论和科学文化知识的好方法，是加强和改进思想政治工作的好形式。党中央的倡导把全国职工开展的振兴中华职工读书活动推向了新的高潮。

在广泛开展读书活动的基础上，为鼓励职工自学成才，加速人才的培养和发展，1985 年 2 月 14 日，全国总工会颁布了《职工自学成才奖励暂行条例》。各省、自治区、直辖市总工会也相继制定了奖励条例，有的还设立了自学成才奖励基金，积极推动了职工读书活动的深入发展。

1997 年 1 月，在中央宣传部的组织牵头下，中华全国总工会等九个部委共同发出了《关于在全国组织实施“知识工程”的通知》，提出要实施“倡导全民读书，建设阅读社会”的“知识工程”。

2002 年以来，全国总工会在全国职工群众中组织开展“创建学习型组织、争做知识型职工”活动，号召广大职工读书成才、知识报国……

随着社会主义市场经济的发展和工业化、城镇化步伐的加快，大量农村富余劳动力向非农产业和城镇转移，广大职工群众特别是一线产业工人、农民工，越来越成为推动经济社会发展的重要力量。针对一线职工、农民工就业集中的工矿企业、产业园区职工文化设施建设相对滞后的状况，各级工会组织为了有效解决广大职工特别是农民工读书难、读书贵，文化生活单调的问题，维护职工的精神文化权益，提高职工队伍整体素质，都积极探索提高职工学习文化条件的有效路径。

满腔热忱筑书屋

河南省安阳市内黄县曾是一个有着 73 万人口的农业大县、工业小县、财政贫困县。2006 年，该县的县情调查显示，全县职工呈现“三低三多”、“一少两难”的状况——职工文化水平低、技术水平低、整体素质低，喝酒的多、打牌的多、混日子的多；职工学习平台少，职工读书难、学习难。全县工会文化阵地设施建设薄弱。有些单位的阅览室充斥着假书、伪书和内容不健康的书刊读物，还有一些单位的图书虽然已经过时和破旧，但仍在工会图书室里供不应求。

如何深入贯彻全国总工会“创建学习型组织、争做知识型职工”的工作要求，全国劳动模范、时任内黄县总工会主席邵敬春经常思考提高职工素质的途径。经过多次深入实际了解职工群众的文化需求，听取职工群众的建议和呼声，县总工会决定从引导职工多读书、读好书着手，提升职工思想文化素质。

为了推动职工阅读工作，邵敬春多次积极向当地县委书记、县长做专题汇报，争取县委、县政府的支持；加大对职工阅读的宣传力度，为职工读书创造条件，营造阅读氛围。为了让职工读到更多内容健康实用、品质优良的好图书，2006年8月，邵敬春风风火火地赶到北京，向全国总工会求援，并与全国总工会直属的中国工人出版社取得了联系。尽管邵主席那带着浓重河南味的普通话不太好懂，但她一心为职工群众提高素质创造良好读书条件的强烈责任感，深深地感染了每一位与她交流的人。大家一致认为，邵敬春对工作有创新意识，充满激情，值得合作支持，因此果断决定在内黄县总工会建设工会职工书屋，并将其作为一项重点工作来抓。

此后，在全国总工会的领导下，中国工人出版社多次召开社委会，对从冠名、规模到合作方式、图书选配等环节，逐一进行研究，作出赞助4万册图书、让利销售一部分图书的决定，并派出美术摄影编辑室、图书发行部等部门的专业人员赶赴内黄县，精心为书屋设计、品种分类、图书码放提供服务。内黄县总工会则负责提供场地、设施、管理人员，共同建设工会职工书屋。

2006年11月3日，中国首家工会职工书屋在内黄县正式落成。全国总工会有关分管领导以及宣教部、中国工人出版社、河南省总工会有关负责人为书屋揭牌。

揭牌仪式当天，会场上彩旗飞舞，气球标语高悬，500多名职工和十余家新闻单位的记者来到现场，感受工会工作的这一盛况。新建的工会职工书屋窗明几净，藏书种类涉及社科、文艺、经管、励志、时尚、休闲、少儿、美术等，图书质量的提升，使工会文化阵地的形象明显改观。

内黄县党政部门和县总工会高度重视工会职工书屋建设，为加快建设进度，把书屋建设作为“一把手工程”列入重要议事日程。县委、县政府研究下发了《关于在全县大力开展工会职工书屋建设活动的通知》，成立了以县委书记为组长、县委主要领导和县总工会主席为副组长、县委宣传部等16个有关职能部门的主要领导为成员的“工会职工书屋建设领导小组”，形成了“党委重视、政府支持、工会运作、部门协同、企业配合、职工参与、联合共建”的运作机制。在实际工作中，各单位主要领导亲自挂帅，带头抓、负全责；县总工会主席专抓专管，具体抓、负主责。邵敬春还亲力亲为，多次下基层与各单位一把手进行深入协商，定时间、定任务、定要求，并帮助规划设计，具体指导书屋建设，为职工书屋建设提供了强有力的组织保证。

为扎实全面推进职工书屋建设，内黄县总工会还紧密结合自身的实际情况，在全县深入开展了“四级联创、五统一共建职工书屋”活动，即县、乡、村、企四级联创，统一配备书架、统一安装电话、统一调配图书、统一制授标牌、统一网络建设。同时，为解决资金难题，还积极采取“政府财政拨一点、工会经费补一点、社会动员捐一点”的办法，千方百计筹措资金，在全县迅速掀起了职工书屋建设的热潮。县人民法院做到了“三个优先”，即场地优先提供，资金优先划拨，人员优先配备；县农业局为一线的农业技术员办理了借阅卡，送书到田间地头；县第二人民医院职工书屋为全县 1600 余名乡村医生办理了借阅卡，共享书屋建设成果，深受好评……

如何把工会职工书屋建设好、巩固好、运作好，没有先例可循。为此，内黄县总工会多次召开会议，研究工会职工书屋建设工作，力求把好事办好、实事办实，努力把工会职工书屋打造成内聚人气、外树形象的职工素质提升平台。

创新机制，科学管理。内黄县总工会重点建立健全了三大机制：一是借阅机制。制定了一整套科学合理的借阅管理制度，并聘请技术人员，研究开发出一套适合工会职工书屋的操作软件，制作“爱心借阅卡”和农民工优惠卡，与软件匹配使用，实现了微机管理。二是配书机制。根据各单位行业性质，采取“三三制”配书原则，即中国工人出版社配一部分、单位自购一部分、职工捐一部分，确保图书的针对性和实用性。为确保图书常换常新，内黄县总工会还定期向基层提供图书目录，根据各单位性质和职工意愿，定时收集反馈各职工书屋所需图书，切实做到按需配书、按借阅量增书，构筑起畅通快捷的按需配书渠道。三是运作机制。做到五个结合：在组建形式上，做到固定书屋建设与流动书屋建设相结合；在管理方式上，做到内部管理与外部监督相结合；在配书渠道上，做到出版社统配、内黄县内部调剂和职工捐书相结合；在购卡方式上，做到单位购卡与个人购卡相结合；在服务对象上，做到服务职工与服务社会相结合。为实现资源共享，规定所有图书全部录入微机，职工凭“爱心借阅卡”可在任何一家职工书屋借阅图书，一卡通全县、一卡管全家、一卡管一年、一卡 10 元钱、困难职工不交钱，使小书屋变成大书库。

搞好活动，确保实效。为进一步巩固加强职工书屋建设，内黄县总工会以举办各类活动为载体，把职工书屋建设推向一个新的高潮，先后组织开展了评选“优秀职工书屋”活动、“万人签名贺书屋”活动、“营造书香家园，共建和谐内黄”读书征文活动、“庆祝全国首家职工书屋成立一周年演讲比赛”活动、“百名读书标兵”评选活动、送书下乡到工地活动、职工书屋相互观摩学习活动和“共建职工书屋捐书”活动等。特别是在捐书活动中，全国总工会和河南省总工会机关工会纷纷为内黄县职工书屋捐书；内黄县党委、政府、人大、政协四大班子主要领导带头捐书，全县接收职工捐书8.9万余册。县质量技术监督局结合本单位实际，在全局上下开展了“一月一书”活动，极大地激发了干部职工的读书热情，每月借阅书籍流转量达50余本。县工商局借助职工书屋平台，在职工中组织开展了“读一本好书、学一项技能、捐一本好书、添一份光明”的学习活动。县总工会坚持每年举办“读好书、强技能、提素质”读书征文活动，号召全县广大职工日学一小时、月读一本书、季写一篇文，并将征文活动与“创争”活动、职工素质建设工程以及充分发挥工会“大学校”作用等工作紧密结合起来，促使会员学习、会员读书，使职工书屋的示范效应实现最大化、社会化和经常化，职工群众性读书活动空前活跃。不少职工都高兴地说：“职工书屋就是好，内容丰富品位高；看书不拿钱，一卡通全县。”职工书屋已逐渐成为当地工会工作的重要品牌。

明确标准，规范提高。内黄县总工会坚持经常性地组织各单位的职工观摩书屋学习活动，相互学习、相互提高，并坚持典型引导、示范带动，稳步推进职工书屋建设。明确规定“十有”规范标准，即新建书屋要“有组织领导、有专兼职管理人员、有固定场所、有专用书架、有规章制度、有借阅办法、有借阅卡、有借阅台账、有微机、有电话”。按照“十有”标准，成熟一批、发展一批，完善一批、巩固一批，有计划地开展职工书屋建设。

通过不断开拓创新，内黄县职工书屋建设取得了长足发展，收到明显成效。在不到三年的时间里，这个有着73万人口的农业大县、工业小县，在财政并不富裕的情况下，先后投资370多万元，组建了100家职工书屋，拥有各种报纸杂志622种、藏书达56万册。两万多人成为持有“固定读书卡”的会员，年均职工借阅图书量达到31万人次。全国13个省、自治区、直辖市的工会组织慕名而来，共有200多批次的代表团到这里来参观、考察、学习，职工书屋已经成为当地工会工作的重要品牌。

通过学习，内黄县涌现出了一大批读书成才岗位标兵，县建设局职工梁保宁通过自学，被评为省百名职工技术英杰；金星集团安阳啤酒有限责任公司职工王仲玉通过勤奋学习，提出了许多合理化建议和三项技术创新，为企业节能增效140多万元，被评为安阳市“十大优秀进城务工人员”；冯翠勤通过不懈学习，从一名职工成长为鑫源糠醛公司总经理；下岗职工董中波通过勤奋学习蔬菜种植技术，成为名震一方的“蔬菜大王”；县供电公司生产科的职工们通过学习，集体设计制作“农排变压器无负载自动投切装置”，大大缩短了农排变压器的空载运行时间，荣获安阳市职工优秀技术创新成果一等奖。

精心谋划　全面展开

在总结内黄县职工书屋试点建设初步经验成效的基础上，2007年4月19日，全国总工会宣教部会同中国工人出版社提出在全国建设工会职工书屋的具体方案和实施办法，以及建立图书配送中心的基本设想和主要措施，形成《关于工会职工书屋建设基本设想的报告》。

4月25日，时任全国总工会党组书记、副主席、书记处第一书记孙春兰对此作出批示："此项活动意义重大，影响深远。要深入细致研究，精心筹划安排；要办就办好，办成品牌，不作权宜之计。"

2007年5月9日，全国总工会书记处会议对在全国工矿基层企业、建筑工地和基层工会建设职工书屋给予高度重视和评价：这是我们全国工会学习贯彻党的十七大精神的一项具体行动，是为职工学习知识、获取信息、提高素质、丰富文化生活提供方便条件。这是我们工会积极推动社会主义文化建设的重要举措，也是工会发挥组织职工、引导职工、服务职工和维护职工合法权益的重要体现。

鉴于此项工作涉及面广、工作量大、投入资金多、时间跨度长，全国总工会书记处要求进一步审慎地征求、倾听各方面领导意见，并组织调研组到河南等地调研，同时布置召开有关会议，对在全国范围内创建职工书屋进行研讨。

5 月 24 日，全国总工会宣教部召集北京、天津、上海、山西、江苏、福建、河南、广东八个省市总工会的宣教部长和相关部门主要负责人召开专题研讨会，就职工书屋建设工作方案广泛征求意见。八个省市总工会的宣教部长都对全国总工会实施职工书屋建设给予高度赞同，并对做好这项工作表示坚决支持并充满信心。

6 月 12 日，全国总工会调研组赴内黄县进行专题调研，先后走访了内黄县工人文化宫和网通公司、电业局等单位，就职工书屋的建设与管理情况，与管理人员和读者进行现场交谈。调研组还召开了县领导、企业经理、工会干部和职工代表专题座谈会。会上，调研组提出“坚持实事求是、因地制宜、统一规划、分步实施的原则，从实际出发，有计划、有步骤地开展职工书屋建设”的基本思路，并指示要奖励、支持内黄县总工会进一步办好工会职工书屋。

2007 年 11 月 9 日，全国总工会书记处再次召开会议，讨论在全国实施职工书屋工程的思路方案，仔细听取了宣传部、保障部、财务部、经审办、资产部、中国工人出版社等联合提交的《职工书屋建设实施意见》、《关于职工书屋筹建工作的汇报》和《职工书屋示范点建设资金使用与监管办法》等文件。面对即将诞生的这项民生工程，大家都感受到此次会议的重要性，认真地审视着、修改着、完善着这三份报告。

会议进行了三个小时，最后作出如下决定：

从2008年开始，力争用五年左右的时间，在全国目前尚缺乏读书条件的基层企事业单位、社区等建设五万家职工书屋，逐步形成阅读条件比较完备、广泛覆盖职工群众的工会读书设施网络。

职工书屋由全国总工会统一命名。从2008年至2010年，全国总工会连续三年每年投入专项资金2000万元，重点援建3000个职工书屋示范点。各省、市（地）、县（区）三级工会按照与全国总工会出资规模1∶1的比例筹措资金，共同用于支持基层单位建设职工书屋示范点。同时，积极争取政府支持、企业赞助和社会捐助。

为抓好职工书屋建设，全国总工会还专门成立了职工书屋建设领导小组，由分管副主席担任组长，成员包括宣教部、保障部、财务部、经审办、资产部、机关党委、工人日报社、中国工人出版社等单位的负责同志。宣教部负责指导全国职工书屋建设工作。

为建立规范有序、公开透明的图书征集配送机制，全国总工会在中国工人出版社建立职工书屋图书配送中心，协调相关出版社、新华书店等图书供应商，集中征集采购图书，为基层职工书屋示范点建设提供送书、配书、购书和售后服务的一条龙服务机制。地方工会纷纷投入经费采购图书、音像制品和必备设备自建职工书屋。

2007 年 12 月 10 日，全国工会职工书屋建设工作协调会议召开，全国总工会办公厅、宣教部、保障部、财务部、经审办、资产部、机关党委、机关政府集中采购办公室、中国工人出版社等单位负责人出席会议。会议讨论了如何贯彻落实全国总工会书记处 11 月 9 日的会议决定和筹备职工书屋建设的相关情况，决定适时召开全国工会系统电视电话会议，部署开展职工书屋工程建设工作。

会议确定了职工书屋建设的总体思路，就是要针对目前基层职工特别是农民工“无书可读、无处读书”的现状，以职工书屋为基本平台，为广大职工创造和提供更加便捷的学习条件，通过引导职工“爱读书、读好书”，进一步普及科技知识，传播先进文化，保障职工的基本文化权益，活跃和丰富职工的精神文化生活。

会议进一步明确职工书屋建设的基本方式，一方面，在目前尚无职工读书场所的地方和基层单位，利用工会现有的基础设施，通过配置基本图书、报刊、电子音像制品、计算机和制作书架、借阅卡等必备物品，新建一批职工书屋。另一方面，要把现有基层企事业单位（社区）的工会图书室（阅览室），通过投入适当资金，改善基础条件，更新图书和增加藏书数量，更好地发挥图书馆的功能，从而全面改善一线职工特别是农民工读书难的问题，切实把职工书屋作为好事办实、实事办好。

2008年1月3日上午10时，全国工会职工书屋建设工作电视电话会议在全国总工会机关大楼第三会议室隆重举行，即本书引言所述场景，成为中国工会职工文化建设历程上的里程碑时刻，标志着全国工会职工书屋建设工程正式全面启动了。时任中共中央政治局委员、中华全国总工会主席王兆国对这项工作高度重视，指示全国总工会书记处一定要办好职工书屋。

2008年1月18日和23日，全国总工会办公厅印发了《中华全国总工会关于开展全国工会职工书屋建设的实施意见》、《全国工会职工书屋建设目标及配书款分配方案》及《中华全国总工会办公厅关于申报全国职工书屋示范点的通知》，全国各级工会组织积极响应，踊跃申报。

2008年3月6日，经过职工书屋图书配送中心工作人员的发奋努力，以中国工人出版社为基础，包括人民文学出版社、作家出版社、三联书店等40余家出版单位与职工书屋工程建立了战略合作关系，形成了有数千个图书品种的图书目录。经过全国总工会宣教部专家组认真严格的审视和挑选，选定了第一批1000家职工书屋示范点的图书目录，并及时向全国各地工会发出公告。

3月10日，时任中华全国总工会副主席、书记处书记、全国工会职工书屋建设领导小组组长倪健民主持召开全国工会职工书屋建设领导小组第一次会议，研究部署职工书屋建设具体工作：一是要送好书，坚持高标准、严要求，切实提高送书的质量。二是要用好钱，加强资金使用的管理。把职工书屋建设的专项资金管好、用好，使之逐步规范化、制度化、程序化。三是要选好点，把书屋示范点建设好。关键要选好 1000 个示范点，并通过这些示范点带动各地工会抓好 9000 个自建书屋的落实。四是要抓好落实，明确目标责任制。要加强职工书屋建设的领导，明确工作责任，由专人负责管理。

2008 年 4 月 14 日，全国工会职工书屋建设领导小组全体成员在北京职工书屋定点仓储物流中心启动第一批 1000 家全国工会职工书屋示范点图书配送工作。从 4 月 14 日到 8 月 17 日，职工书屋图书配送中心工作人员经过辛勤努力，特别是战胜了“5・12”汶川特大地震灾害造成的诸多困难，将 100 多万册、总价值 3200 余万元的图书送到各省、自治区、直辖市的 1000 家全国工会职工书屋，送到了祖国的大江南北。

初见成果

2009年2月3日，星期二。《工人日报》头版头条发表了主题为“全国工会职工书屋已逾万家”的报道。报道指出，截至2009年2月，全国各级工会投入工会职工书屋建设的资金实现1.86亿元，藏书累计达1330.58万册。该报道充满激情地写道：

在江苏，“捐一本好书，献一份爱心”图书捐赠活动已累计为工会职工书屋充实图书40多万册；而在福建泉州，越来越多的农民工在工会职工书屋里养成了“每天读书一小时，每月读一本书，每年参加一次学习培训”的自学习惯……全国许许多多的工会职工书屋为提高职工素质正在发挥重要作用。

记者从中华全国总工会宣教部获悉，截至2008年底，由各地工会自建的职工书屋达到9868家，藏书总量累计1330.58万册。此外，由全国总工会扶持建设的1000家全国工会职工书屋示范点也已全部投入使用。

仅一年时间，各地工会已将职工书屋建设作为提高职工综合素质的重要载体，多措并举，积极推进——北京、河北、山西、湖南、辽宁、江西、新疆、吉林、安徽等地工会成立了专门领导小组；上海、天津、浙江、湖北、重庆、西藏、陕西、甘肃等地工会第一时间印发有关实施意见，明确基本思路和工作目标；云南、贵州等地工会专门组织检查验收和实地调研，保证职工书屋建设质量；江苏省苏州市总工会统一制作了14本台账，用于规范职工书屋建设；福建省福州市总工会提出了建立健全资金筹集机制、图书征集配送机制、书屋管理机制的工作思路……工会职工书屋建设正在逐步走上规范有序的良性发展轨道。

全国工会职工书屋建设呈蓬勃发展态势，内容越来越充实：据不完全统计，2008年底，各地工会自建的职工书屋已有藏书1330.58万册、报刊2.75万份、音像制品16.78万张、计算机5221台；各级工会还为1000家全国示范点配备了3580余名专、兼职工作人员。除全国总工会下拨的2000万元专项经费外，各级工会已投入及计划投入的职工书屋建设资金达 1.66 亿元。

工会宣教部负责人表示，各级工会组织在全国广泛开展了内容丰富、形式多样的群众性读书活动，切实把职工书屋建成提升广大职工群众素质的学习站、活动站。

与此同时，《人民日报》、《光明日报》、《中华读书报》、《中国新闻出版报》、《中国图书商报》、《北京青年报》等报纸与《出版人》杂志，以及新华网、人民网、中国政府网、搜狐网、新浪网等网络媒体，都对工会职工书屋建设进行了热情报道。

通过各主流媒体的宣传，越来越多的人知道了职工书屋，越来越多的工会跃跃欲试，纷纷利用职工书屋打造服务平台，惠及更多职工。

第二章

培　育

在祖国的大江南北，在工矿企业、建筑工地和商贸机关建设职工书屋，是涉及数百万工会基层组织的重要行动，是保障四亿多职工的切身文化权益的一件大事，同时也是加强职工思想政治建设，提升职工文化、技术水平，提高职工群众素质，推动社会主义文化大发展、大繁荣的重要工程。这既是工会组织的一项服务工程、文化工程，也是一项民生工程、民心工程。

图书的选择和配送

为了做好全国工会职工书屋统筹建设工作，从2008年职工书屋建设全面启动开始，全国工会职工书屋图书配送中心就在全国工会职工书屋建设领导小组领导和全国总工会宣教部的协调指导下，负责全国工会职工书屋示范点及各地职工书屋的选书、配书及相关日常工作，并通过微信公众号等传播媒介，开展经验成果交流宣传等配套工作。

全国总工会在 2008 年出台的《关于开展全国工会职工书屋建设的实施意见》中明确提出，全国总工会成立全国工会职工书屋图书配送中心，主要承担为全国工会职工书屋示范点和各级工会职工书屋建设征集、图书采购、配送、后续指导的“一条龙服务”，并要求切实发挥中介、服务作用，协调其他正规出版发行单位提供适合职工阅读、内容质量有严格保障，同时价格相对低廉的优秀图书。

图书配送中心十分重视调配优秀出版图书，最大限度地满足职工书屋建设需要和职工广泛的文化需求。图书配送中心与几十家大中型出版社或出版集团建立供应关系，这些出版单位都是权威性的出版机构，拥有良好的出版资质和社会声誉，所涉及的图书涵盖了广大职工所需的各个主要门类。例如，文艺类图书，有人民文学出版社、中华书局、三联书店、作家出版社等；生活类图书，有新世界出版社、中国青年出版社等；社科类图书，有社会科学文献出版社、中国社会科学出版社等；思想政治教育类图书，有党史出版社、学习出版社；各重要产业、行业用书，有化工、煤炭、电力等主要领域的出版社。图书配送中心还积极调研职工需求，结合工会实际，为各地职工书屋选配了“农民工有困难找工会”丛书、《中国劳模——时代领跑者》、《职工劳动权益手册》、《幸福就这么简单》等图书，这些图书有的曾获中国出版政府奖图书提名奖，有的是中央宣传部、中央组织部推荐的学习书目，有的是职工普法维权的工具书，也有的是深受职工喜爱的畅销书。为大力弘扬工匠精神，专门配送《从工人到工匠》、《工匠精神学习笔记》、《传承工匠精神·争做优秀员工》等主题图书到一线职工身边。图书配送中心通过选配不同类型的图书，不断满足职工的不同阅读需求，维护职工权益，弘扬工匠精神。

图书配送中心坚持定期面向各地职工书屋开展职工读书需求调研，编制当年《全国工会职工书屋重点备选出版物目录》。全国工会职工书屋建设领导小组通过组织调研组，先后深入各主要省、自治区、直辖市工会和几十家工矿企业走访调研，了解职工阅读需求，征求工会干部意见。图书配送中心每年都根据工会开展职工思想和素质教育的需要，结合社会热点和职工群众读书趋势，制定出当年职工书屋示范点备选图书的总体规划，从上万种图书中认真筛选出适合职工阅读，内容、质量有保证的图书。全国工会职工书屋建设领导小组每年都要召开专题会议，审议职工书屋工作情况及备选图书。通过层层筛选把关，确保了备选图书的质量，也为各级工会和基层单位选配图书提供了专业服务和保障。

图书配送中心定期向各省市总工会宣教部和已建职工书屋的重点单位印发推荐图书目录，订书单位可以按需要直接选订，也可以向图书配送中心提出个性化要求。图书配送中心帮助初选推荐，由购书单位审定后安排图书配送；统一筹建职工书屋的省市工会或集团单位，还可以让基层单位各自选书后转交图书配送中心汇总并安排发书。这样既便于组织，也满足了各单位订书的个性化需求，还可以按照示范点图书配送标准配比好的馆配图书套餐直接订用。

经过 15 年多的工作实践，图书配送中心已形成较为完善的职工书屋图书配送模式，探索出一些职工书屋图书配送的经验方法：专业的图书采配工作流程和图书配送管理人员，提供总体配书方案、个性化订制、持续添配等多种方式的图书配送服务，使用专用包装纸、包装箱，按照基层单位要求直接送达指定地点。

截至 2022 年底，全国已经累计建设全国工会职工书屋示范点 1.5 万家，带动各地建成 15 万余家，为基层配送图书 1800 万余册，累计普惠职工 9000 多万人。图书配送中心在扎实开展为全国工会职工书屋示范点图书配送工作的同时，为各级工会组织自建职工书屋持续提供质优价廉的图书订配服务，得到了广大基层单位和职工读者的好评。

特殊的精神食粮

2008 年 5 月 12 日，强烈大地震无情地降临到四川这片秀丽而富饶的土地上，举国震惊、令人心碎。而后，中华民族经历了一场气壮山河的抗震救灾伟大斗争。按照全国总工会的部署，中国工人出版社立即动员和组织全社职工行动起来：为灾区工会、职工编辑出版有关抗震救灾图书，紧急为四川地震灾区援建131家“图书角”和“图书阅览室”。

灾区的需求就是命令！连夜策划，连夜收集资料，连夜编辑加工，连夜制版印刷。大家相互配合，相互鼓励，抢时间，做奉献，一切都在紧张有序中进行。不到一周时间，《抗震减灾知识读本》和《震后防病防疫实用手册》两本样书飘着墨香，摆放到了大家的面前。为了用最快的时间将书送到灾区工会，送到职工群众的手中，出版社决定把捐赠给四川灾区的图书放到成都去印制，就地送出。经多方联系，最后确定由成都新华印刷厂承印。5月24日清晨，拿到印刷软片后，出版社负责人立即飞往成都，组织印刷厂开展生产。印刷厂工人们趁着余震平息间隙，夜以继日地印刷、装订，5月27日清晨，《抗震减灾知识读本》、《震后防病防疫实用手册》两本抗震救灾图书各三万册完成印刷、装订成册，准备发往全国总工会援建四川地震灾区的131家“图书角”和“图书阅览室”。

经与四川省总工会沟通协商，为尽最大力量为灾区办好事、实事，且不为灾区增加额外负担，出版社决定直接将书分送到基层工会，这样既可以减轻省总工会的压力，也可以将全国总工会上下对灾区的支持和关爱尽快送到受灾职工群众的手中。但难题又出来了：省总工会所有车辆都在抗震救灾第一线，顾不上来印刷厂拉书，这六万册书怎么送？出版社负责人向路上的货运司机求援，患难见真情，司机也被这种大爱和奋斗精神感动，不讲价钱，一口答应帮忙送书。5月28日清晨，送书的人员一边看路标，一边打听，将第一批书送到了成都市总工会，市总工会的同志们激动地感谢全国总工会的支持与关爱，表示一定尽快将书送到灾区职工群众的手中，大家都主动帮着搬书，有的同志还迫不及待地打开书看。紧接着，出版社同志和当地工会干部顾不上吃饭休息，陆续把书送到雅安、德阳、广元等各地市基层，让灾区职工群众在特殊时期第一时间获得全国总工会“娘家”送来的温暖、知识与力量。

2020年春节前夕，又一场出人意料的灾害——新冠疫情发生了，并且迅速波及全国。担当、奉献与服务的精神总是在特殊时期凸显出来。按照全国总工会疫情防控与保障服务有关精神，为第一时间向广大职工提供疫情防控科普知识，中国工人出版社克服多数编辑人员无法正常到岗工作、承印单位停工等实际困难，组织邀请专家迅速编写，连续工作三个昼夜，于2月3日即复工复产首日正式发布《新型冠状病毒职工防护知识50问》纸质版及音频版，成为全国首部兼具纸质和音频版本的防疫读物。全国工会职工书屋建设领导小组办公室向基层一线单位免费赠送《新型冠状病毒职工防护知识50问》图书26000册。线上免费音频版发布后，直接收听听众逾百万人次，并被200余家工会和企业新媒体转发。

让书屋遍及全国职工身边

2011年1月18日，时任中华全国总工会党组书记、副主席、书记处第一书记王玉普在全国总工会十五届五次执委会议上的工作报告中指出，要推进职工书屋建设，大力开展向农民工送文化活动。此后，每年全国工会职工书屋选点均进一步将农民工聚集的企业、园区等处作为重点。

2014 年 7 月，时任中华全国总工会党组书记、副主席、书记处第一书记陈豪在河北基层企业调研时，视察职工书屋等基层企业文化阵地，强调要进一步做好企业文化和职工文化建设，实现职工的更广泛交流和企业的人文关怀。按照这一要求，职工书屋建设进一步向基层一线倾斜。

从 2016 年开始，除当年新建职工书屋示范点外，全国总工会开始从往年示范点中陆续选取部分单位补配图书，进一步扩大面向基层企业和一线职工的普惠服务。

为更加广泛、深入地普惠广大基层单位、一线职工，2019 年，职工书屋配送范围作出进一步变革：在继续建设全国总工会命名的职工书屋示范点的同时，当年向 3000 个已建全国总工会职工书屋补配图书；在劳模创新工作室、职工小家、农民工服务站、司机之家等场所新建 3000 个便利型职工阅读站点；向 5000 名劳动模范、工匠、最美职工配送图书。这一改革，让职工阅读更加有温度、有情怀，也让工会组织政治性、先进性、群众性的增强变得看得见、摸得着。

2020 年，职工书屋图书配送继续深化改革，覆盖更广，结构更优，方式更接地气：新增特色品牌书屋和 3500 个女职工休息哺乳室阅读站点，为便利型职工阅读站点和劳动模范、工匠、最美职工配送读物。

2021 年春节之际，全国工会职工书屋领导小组办公室举办“留在工作地，读书过大年”新春文化礼包赠送活动，向基层一线的在岗职工赠送 3000 份新春文化礼包，礼包由重点畅销图书、《中国工人》杂志、全国工会电子职工书屋阅读卡、春联组成，每份价值 2000 多元。考虑到不同行业职工的阅读需求，礼包设置了四种文化“套餐”，选配了不同类型的图书，以增强可读性和丰富性。文化礼包在春节前全部送到，惠及职工 30 万余人。获赠单位中，户外劳动者驿站、快递网点、重点建设项目工地、疫情防控站点和司机之家就占到85%，充分体现了向春节期间仍参与国家重点项目建设、保障民生的在岗职工倾斜，及时给他们传递来自全国总工会的温暖关怀。

近年来，为积极响应向新就业形态群体开展建会与服务的工作部署，职工书屋图书配送更加注重向新就业形态群体相关职工倾斜，已陆续建设面向货车司机、网约车司机、快递员、网络送餐员等新就业形态劳动者的便利型阅读站点上千个。

2019年，全国工会职工书屋建设领导小组办公室首次建设了30个“一带一路”重点工程项目基地职工书屋，并在中铁建、中建等海外项目开展职工书屋建设。

2021年，全国总工会与海南省委省政府以及省总工会、三沙市总工会共同支持筹划，经过两年多的悉心打造，在三沙市永兴社区建成“全国工会品牌职工书屋示范点”。作为三沙市最大的社区，永兴社区是职工群众工作生活的主要聚集地，三沙职工书屋成为驻岛职工群众工作之余放松身心、增进交流、陶冶情操、开拓思维、获得归属感的好去处，也为党政工团开展思想教育、文化建设、创新发展工作提供了一个富有书香气息的文化阵地。

在全国工会职工书屋数字化展区的大屏幕上，显示着全国各地所建职工书屋的数量信息及特别区位书屋的影像，除了最南端的三沙职工书屋，还有位于祖国最北端的黑龙江漠河职工书屋、最东端的浙江舟山远洋渔船职工书屋、最西端的新疆交通运输工会喀什地区职工书屋，这些信息数据还在不断增加。

2021 年，全国总工会与相关地方工会共同筹划，在第一次全国劳动大会旧址等红色工运地点和海南三亚免税商城等城市地标地点建设了六个特色品牌职工书屋。

2023 年，按照推动澳门职工群众深入学习贯彻党的二十大精神和开展爱国教育、丰富职工精神文化生活的宗旨，全国总工会向澳门工联总会捐建的公益文化品牌项目——职工书屋在澳门工联大厦正式启用，成为首间在内地以外地区开设的职工书屋示范点。书屋以鲜明的工会特色、充满新时代活力的读书服务和大湾区职工阅读学习文化圈，为澳门职工提供有广度、有深度、有温度的阅读体验和文化享受，成为澳门青年职工的学习交流平台和“网红”打卡点。

15 年来，职工书屋经历了从星星之火的精心培育，到遍及神州大地的绚丽绽放，截至 2022 年底，全国总工会已授牌全国工会职工书屋示范点 1.5 万家，带动各地工会建成职工书屋 15 万余家，覆盖职工 9000 多万人。

第三章
延　伸

党和国家高度重视文化建设，尤其是公共文化服务体系建设。在全国《新闻出版业“十二五”时期发展规划》里，职工书屋建设被纳入新闻出版公共服务网络体系。全国总工会发布的《全国职工素质建设工程五年规划（2010—2014年）》中提出，要把提高职工队伍整体素质作为一项战略任务抓紧抓好，进一步加强职工书屋建设。在《全国职工素质建设工程五年规划（2015—2019年）》中，全国总工会再次明确提出每年职工书屋的建设目标，并要求要加强和规范职工书屋建设。

党中央、国务院提出推动文化产业成为国民经济支柱性产业，使文化产业发展上升为国家战略，这为职工书屋的发展提供了难得的历史机遇；职工群众快速增长的精神文化需求，为职工书屋的发展提供了巨大的发展空间；科技进步特别是信息网络技术的迅猛发展，为职工书屋的升级提供了重要技术支撑；新闻出版业的快速发展，为职工书屋提供了更多品种丰富、质量上乘的文化产品；全国总工会和各级工会的高度重视，为职工书屋的发展提供了坚强的思想保证和组织保证；职工书屋管理人员及专业人员的不断扩充，为职工书屋的发展提供了人才保障。这些都为职工书屋建设提供了重要机遇，同时也提出了更高的要求。

为了满足地方需求，适应职工群众不断提升的阅读需求，全国工会职工书屋建设领导小组认真学习党中央关于文化建设的重要精神，积极开展调研工作，深入基层了解一线职工的需求。

2014 年 1 月，在时任中华全国总工会副主席、书记处书记、党组副书记、全国工会职工书屋建设领导小组组长刘国中的主持下，全国总工会出台《全国工会职工书屋建设工程五年规划（2014—2018 年）》，其中特别提出了职工书屋今后创新发展的“三化”方向与任务。

第一，推进职工书屋综合化建设，努力实现功能的延伸。要在发挥职工书屋阅读学习功能的基础上，进一步向职工综合文化平台延伸。要及时更新图书，完善阅读设施，进一步增强职工的学习效果。要与职工素质建设工程相结合，利用职工书屋丰富的学习教育资源开展思想政治教育、技术技能培训等活动；要与企业职工文化建设相结合，依托职工书屋举办读书会、演讲、朗诵、文艺创作、书画摄影展览等各类活动，让职工书屋成为职工自我学习、自我教育、自我提高的综合平台。有条件的职工书屋可开展公益性的图书经营活动，增强职工书屋的活力，使职工书屋建设与组建工会、创办职工帮扶服务中心、建设“职工之家”等工作进一步有机结合，在促进工会成为枢纽型社会组织，成为学习型、服务型、创新型组织过程中发挥重要作用。

第二，推进职工书屋数字化建设，努力实现内容的延伸。在切实配好纸质图书的同时，积极探索职工书屋数字化建设。完善和更新职工书屋计算机及上网设施，为职工提供网络阅读、信息查询的便利条件。因地制宜，加大对数字化、多媒体阅读设施的建设，为职工提供无线上网、手机阅读等服务。开发建设全国职工书屋图书数据库，逐步形成各级工会共享的电子职工书屋阅读平台。

第三，推进职工书屋便利化建设，努力实现服务的延伸。各地工会要根据企业实际情况和职工的需求，统筹考虑做好书屋选址、基础设施建设、人员配备等方面的工作，为职工书屋便利化建设创造条件。各地职工书屋及时更新图书，合理安排开放时间，完善借阅管理制度，开展各类活动，为职工提供周到便利的服务，以吸引更多的职工群众到书屋中来。

“三化”当中，综合化、便利化主要是基层实体职工书屋建设模式的创新发展，数字化则是超越实体职工书屋和纸质阅读的延伸与升级。在综合化、便利化建设方面，各地工会和基层单位相继涌现出了很多创新做法，而在“三化”之中，通过电子职工书屋实现数字化，则既是综合化的重要内涵，也是实现便利化的重要方式，成为实体书屋、纸质阅读的重要补充与延伸。

电子书屋　生正逢时

电子书屋，即电子职工书屋。电子职工书屋

通过计算机 PC 端、手机端 App、主流平板电脑等多终端呈现，充分应用主流前沿的数字阅读技术，内容丰富，有特色并不断补充更新，不受场地和时间限制，契合阅读潮流，成为实体书屋和纸质图书的重要补充和延伸，也可以称为“互联网+职工书屋”。

实施电子职工书屋建设工程是职工书屋自身发展的需要。综合考量职工书屋的发展，全国总工会领导决心以推进职工书屋数字化建设来带动职工书屋的综合化、便利化建设，通过电子职工书屋建设工程来拓展和延伸职工书屋的内容、功能与服务，进一步提升职工书屋建设水平，打造工会的优秀文化品牌，更好地服务广大职工群众。

2013 年，全国总工会已在全国扶持建设职工书屋示范点 6000 家，带动各地工会建设职工书屋逾六万家，职工书屋建设取得了显著成绩。但相对我国职工总数已经超过四亿人的数据，现有的职工书屋还远远不能满足职工的需求。电子职工书屋在更广泛地覆盖职工、满足职工需求方面具有较大优势。例如，有一些企事业单位的职工没有条件进职工书屋进行阅读，像建筑单位的不少职工工作地是施工现场，还有一些单位的职工则需要进山、下矿、出海，在这些艰苦的工作条件下，他们的文化生活相对单调。电子职工书屋则可以满足这些职工的文化需求，离线下载几本优秀的图书或刊物放在手机里或笔记本电脑里，随时都能阅读。

电子职工书屋是职工书屋创新与发展的重要阶段，是职工书屋品牌工程的拓展与延伸。它是在职工书屋的基础上，以职工书屋累积的资源为基础资源，以现代化、数字化为技术手段，以多媒体、多终端为呈现方式的公益性工会数字资源平台。电子职工书屋的建设离不开已有的实体职工书屋，实体职工书屋的继续发展则依靠电子职工书屋，两者相辅相成，是整体性职工书屋建设工程的不同阶段和有机构成。

实施电子职工书屋建设工程是适应数字阅读的内在要求。数字阅读是国民阅读的一大趋势。地铁、快餐店、公交车站……到处都能看到用手机、平板电脑或手持阅读器看书的人。第十一次全国国民阅读调查的结果表明，2013 年国民数字化阅读方式（包含网络在线阅读、手机阅读、电子阅读器阅读、光盘阅读、PDA/MP4/MP5 阅读等）的接触率为 50.1%，较 2012 年上升了 9.8 个百分点。对我国国民倾向的阅读形式的调查结果显示，66.0%的成年国民倾向于“拿一本纸质图书阅读”，15.0%的国民倾向于“网络在线阅读”，15.6%的国民倾向于“手机阅读”，2.4%的人倾向于“在电子阅读器上阅读”，1.0%的国民“习惯从网上下载并打印下来阅读”。由此可见，已经有 1/3 的国民倾向于数字化的阅读方式。如果职工书屋建设不能紧跟这种阅读趋势，必然“不接地气”。

更重要的是，数字阅读在引导阅读方面确实具有很大优势，这些优势更引起全国工会职工书屋建设领导小组同志的高度重视。他们清醒地看到，数字阅读最大的优势在于可以使人们随时随地获取大量信息，不受时间和空间的限制。电子职工书屋建设工程顺应数字阅读的趋势，可以使职工随时随地进行阅读，更好地培养阅读习惯。此外，由于纸质阅读带给读者的体验始终是数字阅读无法取代的，因此，电子职工书屋与职工书屋并行建设、相辅相成的方式能最好、最有效地服务到职工，丰富他们的阅读生活。当职工在职工书屋阅读到一本喜欢的书时，回家后他可以通过电子职工书屋继续阅读这本书。同样，如果职工在电子职工书屋发现了一本喜欢的书，他也可以到职工书屋去借阅纸质版图书来细细品读。如果职工非常喜欢这本书，想要收藏它，他还可以通过职工书屋图书配送中心订购。这种线上线下资源统一、一条龙服务的电子职工书屋建设理念，能够给职工阅读带来最大便利，从而更好地培养起阅读的生活习惯，也能更广泛地传播优秀的思想，塑造高品位、高素质的人才。

实施电子职工书屋建设工程是对各地工会需求的响应。很多地方工会的负责同志和职工书屋的工作人员反映，他们在工作中深切感受到建设电子职工书屋十分必要。各地工会的职工书屋工作报告中也都提到，建设电子职工书屋是职工书屋下一步的发展方向，是对职工数字阅读需求的积极响应。不少工会在电子职工书屋建设上也做了积极尝试。

集中筹建 突出特色

2014年8月，第四期全国工会职工书屋管理人员交流培训班在内蒙古呼和浩特市举办，专题研究部署全国工会电子职工书屋建设工作。时任中华全国总工会党组成员、经费审查委员会主任、全国工会职工书屋建设领导小组组长李守镇对推进职工书屋数字化建设作部署。与会人员围绕《科学实施电子职工书屋工程，大力推进职工书屋数字化建设》的主题报告，对统一建设电子职工书屋平台的必要性、可行性以及建设思路进行了研讨，提出了很多有益的意见和建议。会议正式确定在建设实体职工书屋的基础上，以职工书屋累积的资源为基础资源，以现代化、数字化为技术手段，以多媒体、多终端为呈现方式，建设公益性工会数字资源平台。

2014年底，按照全国工会职工书屋建设领导小组的统一部署，在全国总工会宣教部的协调指导下，中国工人出版社专门设立数字传播中心暨全国工会电子职工书屋项目团队，调集并招聘专职人员，组成电子职工书屋技术组、内容组、用户服务组，专题研究、进一步完善具体建设方案。

2015年初，《全国工会电子职工书屋建设工作总体方案》获全国工会职工书屋建设领导小组审议通过，并被列入全国总工会当年的工作要点。方案确定，由全国总工会进行基础建设投入，其中2015年、2016年两年先期预算投入上千万元，后续每年陆续补充投入。地方工会及基层单位分摊更新维护、运营服务等费用，开通电子职工书屋用户端，基层职工免费使用。总体实现集约化投入，广泛普惠职工。

之后，电子职工书屋建设工程进入紧锣密鼓的具体建设阶段。为做好电子职工书屋建设，全国工会电子职工书屋项目团队对备选软件平台承建合作单位、图书数字化加工单位进行了广泛调研考察，在综合开发资质、技术能力等因素基础上，邀请技术专家以及全国总工会宣教部、财务部等主管部门负责人共同指导，选定了具有专业性、权威性的软件系统开发协作单位，先进可靠的网络服务器托管方以及成熟的图书数字化加工单位。

内容建设是数字阅读的基础工作。全国工会电子职工书屋项目团队结合往年职工书屋纸质图书配送经验，不断吸收各地工会和广大职工的意见、需求，对电子职工书屋的门类进行了细致梳理，整理出 12 大类及几十个细分门类，精选特色内容资源。这些门类既包含经济管理、人文社科、历史传记、小说文艺、心理励志、健康生活等贴近职工文化生活阅读的基础门类，又专门设置了素质技能、法律维权、思想政治等特色门类，再加上农民工、大国工匠、企业职工文化等主题读物，力争做到职工喜闻乐见与主旋律、正能量并重。项目团队广泛考察各大出版集团、出版社及相关资源供应商，除对工会职工特色门类资源进行整理加工外，在大众文化生活读物方面，相继与中国出版集团、作家出版集团等建立内容资源供应关系，认真遴选内容资源，不断做好扩展更新工作。

在为职工读者设计特色内容功能的同时，电子职工书屋阅读平台还设计了系列配套管理功能。比如，对职工阅读数据进行自动统计，通过大数据分析阅读情况，根据读者阅读特点后续不断增补新内容。同时，利用职工阅读数据生成阅读量排名，各级工会组织及个人读者用户均能了解自己在各区域、层次、时段内的阅读情况及排名，形成相互激励的机制和阅读氛围。各级工会组织和广大基层单位通过后台进行职工读者账号分配管理。

与此同时，电子职工书屋配套管理平台还设置了职工书屋示范点申报、已建职工书屋信息登记查询、纸质图书在线选定配送、图书借阅管理软件等，逐步实现实体职工书屋在线管理。

2015 年 10 月，电子职工书屋阅读系统初步建成。

10 月 21 日，时任中共中央政治局委员、中华全国总工会主席李建国等领导同志在视察中国工人出版社时，听取职工书屋建设情况汇报，并现场试用了电子职工书屋阅读系统。

2015 年 12 月，新建成的电子职工书屋阅读系统在首届全国工会新媒体论坛上进行了项目展示，得到各地工会组织的广泛关注。同年 12 月，第五期全国工会职工书屋管理人员交流培训班在北京举办，并隆重举行了全国工会电子职工书屋开通仪式。

2016 年 1 月，全国工会职工书屋建设领导小组办公室、全国总工会宣教部作出工作部署，推动各级工会组织把电子职工书屋的推广使用作为加强职工素质建设、保障和服务职工文化生活的重要工作，高度重视，统一安排和部署，确保电子职工书屋广泛覆盖，使职工普遍受益。

电子职工书屋上线后，各地工会陆续进行了推广使用。海南、湖北、江苏、吉林、青海等省级工会，北京丰台、辽宁沈阳与锦州、深圳宝安、四川攀枝花等地市（县、区）工会，中建二局、神华、中铁、中原油田等大型企业工会率先为本地职工开通阅读账号，短短一年时间，电子职工书屋的用户已达上百万人。

一人一书屋　无处不阅读

数字阅读的普及为广大职工读书成才、丰富

精神文化生活提供了更多的内容和更便捷的渠道，同时也呼唤职工书屋向数字化方向延伸。电子职工书屋在互联网中延伸阅读空间，使职工书屋的文化阵地作用得到更大的发挥和延展。随着电子职工书屋的建成，不仅加速了知识与文化的传递和普及，还能通过大数据收集、挖掘、分析、整合等技术方式，更好地为企业、职工服务。

发展数字阅读并不是要取代传统的纸质阅读。读书是思想性的过程，在一页一页翻阅内容，一行一行研读文字的同时，人的内心在进行着深刻的思想文化熏陶，思想随着一个个文字的印入自由地汲取文化精髓，这种精神上的享受仍然是数字化阅读无法代替的。因此，职工书屋数字化建设不是只做“互联网+阅读”的简单叠加，而是借助互联网的优势，与传统方式互相补充、互相促进、融合发展。

全国工会电子职工书屋平台具备网站、App、微信、小程序、数字一体机等多终端，结合工会职工特色精选内容，已上线图书五万余种、主流期刊400余种、有声书五万小时、大国工匠等主题视频等资源，覆盖了 PC、微信、小程序、App、数字一体机等终端平台，实现“一人一书屋，无处不阅读”。以深耕职工阅读需求，通过文化和科技的深度融合，打造更加智慧的阅读平台为理念，电子职工书屋相继完成三次重大改版升级，并新增了大数据智能分析系统和活动平台，为职工读者提供精准多样的阅读服务，为各级工会企业提供了组织开展活动的平台，打通线上线下阵地的融合通道，让正能量更强劲、主旋律更高昂。

2020 年 1 月，新冠疫情肆虐神州大地，电子职工书屋平台与《中国工人》杂志社、融合项目组共同开展防疫有奖知识答题活动，吸引 159 万人次的职工参与。为了更好地引导广大职工抗击疫情，全国工会电子职工书屋平台开设防疫好书专题，面向全国职工读者，在防疫期间实现免费阅读，第一时间着手策划限免阅读活动，当日至春节初二之前，在原有三万种阅读资源基础上，联系了 40 多个电子阅读资源提供单位，协商防疫电子阅读资源版权授权，并征集到关于疫情、卫生、心理、人文经典等 15000 种可开放资源。

1月29日，限免阅读活动上线，成为业界最早、开放资源最多的防疫网上免费阅读活动。后续，又与中国教科文卫体工会策划实施了向全国抗疫医务人员赠送30万张电子职工书屋阅读卡的活动。

2020年7月，电子职工书屋大数据智能分析系统投入使用，随着电子职工书屋产品的不断更新、拓展及客户访问增长等，电子职工书屋平台对一系列功能进行优化升级——新增小程序终端系统对接开发；优化数据统计及同步规则，增强数据抓取、传送的稳定性与准确性；根据实际使用情况，进行系统后台内容调增；优化智能接口算法，更精准地进行数据推送；升级服务器配置，并进行实际环境安装部署。与此同时，电子职工书屋平台还拓展开发了线上活动平台，基于平台内容、根据实时热点，电子职工书屋平台陆续开展了阅读打卡、书评征集、积分回馈等线上阅读活动。

结合职工书屋工作开展计划，电子职工书屋平台还对个人中心、交流、积分等模块进行了全新改版升级，大大优化了用户体验，并基于此开展了为期4个月21天的阅读打卡活动，取得了较好的效果。此外，电子职工书屋平台最新上线了微信小程序，小程序在功能上更加简洁、使用更加便捷，不仅为职工用户增加了一个产品端，也为开展线上活动搭建了一个更加开放的平台。通过策划网上征集、原创作品展示等系列活动，推出活动管理平台，打通线上线下阵地的融合通道，让职工真正感受到阅读就在身边，潜移默化为自己的生活方式，让正能量更强劲、主旋律更高昂。

截至2022年底，电子职工书屋的App在各大应用市场已实现千万级下载，近百家工会和地方企业在App及微信公众号上接入电子职工书屋，近千家单位设置电子职工书屋阅读触屏，共普惠2500多万个职工用户。连续举办六届全国工会职工书屋主题阅读交流活动，累计参与活动的职工超过四亿人次。连续三年举办全国职工读书知识竞赛，累计参与职工超过4000万人次。

未来，电子职工书屋将进一步按照“数智化”的发展方向，对功能内容不断迭代升级，以前沿时尚的数字化阅读体验、大数据智能型阅读服务，为亿万职工营造网上精神文化家园。

第四章

升　级

党的十八大以来，以习近平同志为核心的党中央高度重视文化建设。2013 年 4 月 28 日，中共中央总书记、国家主席、中央军委主席习近平带着党和国家对工会组织及全国职工的关怀与期望，来到位于北京复兴门外大街的中华全国总工会机关大楼，对全国总工会书记处的领导同志发出指示和叮嘱：要高度重视广大职工的多样化需求，不断拓展职工成长成才空间，着力培养造就一大批知识型、技术型、创新型的高素质职工。

成为公共文化服务平台

高素质的职工从哪里来？从学习中来，从实践中来。而阅读是学习最直接的方式。推动职工阅读。是引导职工自主学习、自我教育、自学成才的重要手段。职工书屋为职工阅读创造了基本的软硬件条件，是提高职工素质的重要平台，是推动职工阅读的必要措施。自2011年起，全国工会职工书屋建设领导小组每年组织一次由各级工会组织、基层单位代表参加的全国范围的职工书屋工作交流活动，不断总结经验，推动职工书屋工程面向未来进行科学规划和拓展提升。各级工会组织积极总结职工书屋建设的成绩，肯定了职工书屋在促进职工阅读学习方面发挥的重要作用。以职工书屋为载体，通过丰富多彩的读书活动、演讲比赛、文化沙龙、知识讲座等，为工会开展读书活动营造了良好的氛围，使提高职工素质变得可行、便捷。

2015年11月，《全国总工会改革试点方案》将职工书屋同送温暖工程、五一劳动奖、工人先锋号、大国工匠、职工之家一起列为有全国性影响的工会品牌工程。

2015年，全国总工会出台的《全国职工素质建设工程五年规划（2015—2019年）》对职工书屋下一步发展作出明确部署。

2016年12月，《公共文化服务保障法》由中华人民共和国第十二届全国人民代表大会常务委员会第二十五次会议通过，其中明确表示将工人文化宫、职工书屋等纳入公共文化设施服务场所范围，从2017年3月1日起在全国正式颁布实施。《国家公共文化服务保障法》要求各级人民政府应当充分利用公共文化设施，促进优秀公共文化产品的提供和传播，支持开展全民阅读、全民普法、全民健身、全民科普和艺术普及、优秀传统文化传承活动。

这意味着创建职工书屋将不仅是工会组织和各级企业关心的事，而将成为由政府主导、社会力量参与的公共文化服务的一部分。这无疑是对工会建设职工书屋的莫大支持，体现了党和国家对职工书屋事业，对产业工人队伍建设，对工人阶级作为国家主人翁和主力军的重视与关怀。

不断展开的蓝图

职工书屋建设的第十个年度前后，这项惠及亿万职工的文化工程迎来集中的升级发展。

2017年10月11—12日，全国工会职工书屋创新发展论坛在安徽马鞍山举行。论坛发布了职工书屋建设近十年来的典型成果，全体与会人员围绕做大做强职工书屋品牌、推动职工书屋创新发展进行了深入交流研讨。

2018 年 10 月 22 日，全国人大常委会副委员长、中华全国总工会主席王东明在中国工会十七大报告中，对进一步做好职工书屋的品牌打造、创新发展，更好地围绕大局、服务职工提出了新的更高的要求。

2018 年 10 月 29 日，中国工会十七大闭幕后，习近平总书记同中华全国总工会新一届领导班子成员集体谈话并发表重要讲话，强调加强对职工的思想政治引领。全国总工会充分发挥主流媒体和工会宣传舆论阵地作用，运用工会报刊、职工书屋、文化宫等多种阵地，创新形式、凸显特点，打造健康文明、昂扬向上、全员参与的职工文化。

2018 年 11 月，全国工会职工书屋品牌建设交流会在河北沧州举行，时任中华全国总工会党组成员、经费审查委员会主任、全国工会职工书屋建设领导小组组长李晓钟出席会议，会议强调各级工会要贯彻落实好习近平总书记同中华全国总工会新一届领导班子成员集体谈话时的重要讲话精神，按照中国工会十七大确定的工作目标，积极探索职工书屋新的建设、管理、服务模式，通过现代化的手段，把书屋建设得更好，打造成名副其实的服务亿万职工的精神文化家园、闪亮的工会工作品牌，不断推动职工书屋建设上台阶上水平。

2019 年 4 月 22 日，时任中华全国总工会党组书记、副主席、书记处第一书记李玉赋主持召开全国总工会第十七届书记处第十次会议，会议专题研究了职工书屋工作。这是全国总工会书记处第一次专题研究职工书屋工作，此次会议为今后一个时期职工书屋的建设工作指明了发展方向。

2019 年 5 月，《全国工会职工书屋建设工程五年规划（2019—2023 年）》出台，文件就推动全面深度覆盖、全面提升文化品质等，对职工书屋的进一步创新发展作出部署，并提出了如下部署和目标。

一个宗旨：打造响亮的工会工作品牌，形成

普遍覆盖全国基层一线、充满时代活力的现代化服务设施网络与阅读学习文化圈，建设亿万职工的精神文化家园。二维标准：一是富有新时代的鲜明特质与水平；二是具备鲜明工会与职工特色。三位一体：实体职工书屋、电子职工书屋、职工读书组织统筹建设、融合发展，形成立体化、网络化、常态化的职工阅读学习体系。四重功能：充分做实并发挥职工书屋作为广大职工思想引领阵地、素质提升平台、文化生活空间、综合服务场所四个方面重要功能。五项举措：一是推动实现职工书屋（含电子职工书屋）在基层一线单位的普遍覆盖；二是全面提升职工书屋建设品质与阅读体验；三是充分拓展职工书屋功能与内涵；四是以电子职工书屋迭代升级为抓手推动职工书屋建设数字化延伸；五是大力培育职工读书组织并广泛开展阅读学习活动。六类成果：精心培育推出一批职工书屋品牌示范单位、一批职工书屋建设模式创新项目、一批电子职工书屋应用示范点、一批优秀职工读书组织（读书活动）、一批阅读学习成才职工及一批原创作品等六类典型成果，形成全面创新、百花齐放的局面。

2020 年 5 月，《全国工会职工书屋管理办法（试行）》出台，从各个环节上规范职工书屋的建设和管理，指导各地统一标准，规范操作，将加强顶层设计和吸收基层经验相结合，从建设标准、使用管理和数字阅读平台接入等方面提供全面系统的指导和规范，推动全国各级工会建好、管好、用好职工书屋，使职工书屋建设纳入科学化、规范化、程序化的轨道。

与此同时，职工书屋办公室组织开发职工书屋信息申报系统，职工书屋信息申报从传统的纸质申报改变为线上申报，将信息填报表格程序化，实现了对基层职工书屋单位从信息申报、信息审核、信息审批到收到图书后签收单上传的全程闭环管理，为今后的职工书屋信息化管理以及职工书屋建设的规范化、标准化打下了良好的基础。

2020 年 9 月，职工书屋示范点经全国评比达标表彰协调小组批准，列入第二批全国创建示范活动保留项目。2020 年 10 月，中央宣传部印发的《关于促进全民阅读工作的意见》首次写入职工书屋建设，明确提出“国家机关、企事业单位和其他组织可以设立职工书屋、图书室等，为本单位人员提供阅读便利”。

引领职工阅读潮流

随着职工书屋建设的深入开展，全国总工会每年在广大职工中开展内涵丰富的主题读书活动。比如，2014 年开展“争当学习型职工读书活动”，包括向全国职工推荐 50 本（套）精品图书，组织“读书，让梦想成真”主题征文活动，号召广大职工用知识武装头脑，用知识提高修养，用知识提升技术。各地工会积极推动并创新形式，通过丰富多彩的读书活动，一大批立足岗位、读书成才的优秀职工脱颖而出，他们用自己的成长经历诠释着普通劳动者的“中国梦”。2015 年举办的全国职工经典诵读大赛，以“传承文化，提升素质”为主题，各基层工会在初赛阶段开展以中华优秀经典文化为主要内容的经典诵读比赛、文化讲座、读书交流会、知识竞赛以及征文等群众性读书活动；各地工会组织选拔赛、推荐诵读节目视频参加决赛；全国决赛采取网络方式进行，比赛内容以诵读、吟诵为主，并配合音乐、舞蹈、表演、演奏、书画、特技等丰富多彩的形式，涵盖以劝学励志、爱国爱民、齐家治国、勤奋敬业、团结和谐等为主题的中国传统经典名篇，将中华优秀经典文化的传承融入职工阅读活动当中。

为进一步贯彻中央党的群团工作会议精神，深入开展“中国梦·劳动美——喜迎党的十九大”主题宣传教育活动，在全国工会职工书屋建设进入第十个年头、迎接“4·23 世界读书日”之际，全国总工会进一步部署，决定每年在全国广大职工中开展以“阅读经典好书 争当时代工匠”为主题的阅读交流系列活动，为造就一支有理想守信念、懂技术会创新、敢担当讲奉献的宏大产业工人队伍贡献力量。开展的系列活动包括：通过全国工会职工书屋建设领导小组办公室推荐和各地工会、职工参与推荐相结合的方式，面向全国职工宣传推荐阅读；从职工书屋建设模式、功能环境设计、阅读活动策划创意，以及读书成才职工个人、优秀职工书屋管理者、富有活力的职工阅读组织团体等方面选树若干典型；邀请有关知名人士、劳动模范、大国工匠、读书成才职工个人或团体组合为职工书屋及职工阅读活动作公益品牌代言，扩大职工书屋的品牌内涵和影响力。各级工会组织配套开展丰富多彩的职工阅读活动，并组织相关媒体、新媒体建立长效联动机制，共同开展职工书屋建设和职工阅读相关成果、活动宣传工作。推动在广大职工中形成多读书、读好书、善读书的良好风尚，培养造就更多的大国工匠。各级工会把职工书屋作为加强职工思想政治工作，培育和践行社会主义核心价值观的重要平台，通过广泛深入地开展这项主题活动，推动党的理论创新成果进企业、进车间、进班组、进头脑，把广大职工更加紧密地团结在以习近平同志为核心的党中央周围。聚焦提升技能素质，推动提升产业工人技术技能水平，积极引导广大职工刻苦学习、精研技艺，争当工匠人才。做大做强职工书屋品牌，推动职工读书学习活动不断深入开展，让越来越多的普通职工自觉成为劳模精神、劳动精神、工匠精神的传承者、践行者、诠释者。

2017年4月21日，首届“阅读经典好书 争当时代工匠”全国工会职工书屋主题阅读交流活动启动仪式在京举行。全国总工会、中央宣传部、国家新闻出版广电总局有关领导同志，部分专家学者、劳模代表，主要省市、企业工会负责人和职工代表参加启动仪式。活动特邀全国总工会文工团国家一级演员、全国五一劳动奖章获得者萨日娜担任全国职工书屋公益品牌代言人。萨日娜与全国劳模代表郑贵有、王海军、赵艳芳以及企业一线职工代表分别朗诵了“中国梦·劳动美”职工作品《赞美你新时代的劳动者》、《劳动者时光》、《书屋筑就中国梦》等，展现了当代劳模、职工的时代风采。大国工匠代表高凤林宣读了《阅读学习倡议书》，向全国职工发出阅读学习倡议，号召广大职工积极行动起来，充分利用职工书屋，以书为友，与书相伴，在阅读中砥砺思想、淬炼人生品格、涵养工匠精神，为实现中华民族伟大复兴的中国梦贡献自己的力量。

2018年4月19日，世界读书日前夕，全国总工会在石家庄市第一工人文化宫举办学习习近平新时代中国特色社会主义思想职工诵读会，基层企业职工以朗诵、音乐等富有艺术感染的方式学习，展现习近平新时代中国特色社会主义思想。诵读会同步启动第二届“阅读经典好书争当工匠人才”全国工会职工书屋主题阅读交流系列活动，用职工群众喜闻乐见的形式，推动党的十九大精神进企业、进车间、进班组。随即，“学习习近平新时代中国特色社会主义思想”职工诵读会系列活动相继在全国各地广泛开展，引导团结广大职工为决胜全面建成小康社会、夺取新时代中国特色社会主义伟大胜利、实现中华民族伟大复兴的中国梦建功立业。

2019 年，庆祝中华人民共和国成立 70 周年之际，全国总工会策划实施了 70 年 70 场“与共和国同行”示范性全国职工主题阅读活动，充分发挥职工书屋作为广大职工思想引领阵地、素质提升平台、文化生活空间、精神文化家园的功能，进一步叫响做实了职工书屋品牌。场场活动形式新颖、亮点不断，呼应职工愿望，吸引大量职工参与。每场活动现场参与职工少则几十人，多则千余人，场场座无虚席，累计已有四万名职工现场参加；每场活动都进行网络微直播，通过直播实时收看的职工累计达到 1000 万人次。活动中涌现了大量基层职工自创自演的作品，作品中饱含他们对职业的理解、对劳动的尊重，对生活的热爱、对阅读学习的激情，充分展示出企业的风采、职工队伍的精神风貌，引起现场职工的强烈共鸣。70 场主题阅读示范活动，将阅读活动与爱国主义教育完美结合，媒体宣传报道声势大、传播广，营造了“全民阅读”和亿万职工喜迎新中国 70 华诞的良好氛围，有效推动了全国职工阅读活动深入开展。据不完全统计，主题活动吸引了近 300 家中央和地方各级媒体现场采访并在第一时间发出报道。其中，仅中央广播电视总台先后对五场示范性阅读活动进行了宣传报道，并在央视相关栏目多次播出。活动相关消息以中央和地方各级媒体、工会媒体原创或转发报道的形式进行传播共计超过 20 万条，网络点击量累计超过 5 亿余次。相关图片文字和视频被工会干部、职工网友转发到微信朋友圈、微博上近 2 亿次，在新媒体上形成“刷屏”之势。“阅读经典好书 争当时代工匠”的声音在全国亿万职工中越来越响亮。2019 年 11 月，“阅读经典好书争当时代工匠”全国工会职工书屋主题阅读交流活动被中宣部评为“全国全民阅读优秀项目”。

2020 年春，新冠疫情暴发，为面向广大职工提供疫情防控知识服务，职工书屋办公室第一时间组织“全国职工新冠肺炎防控知识线上竞答”活动，1 月 26 日活动启动筹备，1 月 29 日活动正式上线，五天时间吸引全国 152 万多名职工参与。疫情不能阻隔阅读活动的温度和热度。4 月 23 日，第四届“阅读经典好书 争当时代工匠”全国工会职工书屋主题阅读交流活动在京启动。全国工会职工书屋建设领导小组办公室发布了职工书屋五大助力抗疫行动，现场启动了女职工休息哺乳室图书配送项目和“全国工会品牌企业职工阅读联盟活动”计划。加盟活动的企业可免费使用全国工会电子职工书屋阅读平台，发起开展阅读活动。与此同时，“中国梦 · 劳动美——决胜小康 奋斗有我”之“中国工人杯”全国职工读书知识竞赛同步启动。竞赛紧扣决胜全面建成小康社会、决战脱贫攻坚工作主线，围绕庆祝全国总工会成立 95 周年，由全国工会职工书屋建设领导小组办公室向全国职工推荐 20 种指导书目，通过线上线下同步进行读书知识竞赛，引导广大职工学习党史、新中国史、改革开放史、社会主义发展史和中国工运史，激发爱党爱国热情，增强工人阶级主人翁意识。由于疫情影响，启动仪式通过网络直播形式来进行，由“全总职工书屋”官方微信公众号进行直播，全国40余家省级工会新媒体、100余家市级工会新媒体、200余家知名企业工会新媒体同步直播，直播收看职工超过50万人，直播及回看获得点赞超过80万余次，“学习强国”平台予以报道，相关海报、图片文字和视频被工会干部、职工群众广泛转发，在新媒体上形成“刷屏”之势。全年各类系列活动集知识性、趣味性和实用性于一体，引起各行各业职工热情参与、留言点赞互动，“阅读经典好书 争当时代工匠”的口号在全国职工中又一次叫响。

当年，全国工会职工书屋建设领导小组办公室还组织开展了以学习党史、新中国史、改革开放史、社会主义发展史和中国工运史为主题的“中国工人杯”全国职工读书知识竞赛，活动贯穿全年，初赛阶段通过49天的线上竞答，吸引了1230万名职工的积极参与。复赛阶段创新采用线下设立竞赛指挥控制中心组织35支代表队进行线上复赛的模式。全国总决赛作为2020年全国工会职工书屋建设成果展示交流活动的子项目在厦门举办，八支代表队同场竞技，活动取得圆满成功，新华网、央视新闻等中央媒体进行了全程直播。在组织读书知识竞赛的过程中，全国工会职工书屋品牌企业阅读联盟成立，联盟组织49个重点企业进行线上竞答“值班”，激发了广大企业工会和职工的参与积极性，彰显了新时代职工读书活动的强大影响力和旺盛生命力，在全国广大职工中引发巨大影响，使全民阅读热情久久激荡。

2021年，为庆祝党的百年华诞，深入开展党史学习教育，全国工会职工书屋建设领导小组办公室在全国范围内组织开展100场“把一切献给党·劳动创造幸福”读书活动。活动以建党百年为奋斗新起点，聚焦党史学习教育，充分发挥工会组织的优势，将党史学习教育和职工主题阅读活动相结合，引导亿万职工学史明理、学史增信、学史崇德、学史力行。自4

月下旬启动至12月底圆满落幕，活动历时8个多月，共计6000多万名职工现场或通过网络视频直接观看参与，引领全国各级工会和广大职工开展经典诵读，以生动活泼的形式，潜移默化、润物无声地引导职工群众共读红色经典、传承红色基因，成为落实党史学习教育的生动形式和扎实抓手。各级工会组织和广大工会干部纷纷表示，“把一切献给党·劳动创造幸福”读书活动站位高、形式活，特色鲜明而又喜闻乐见，是工会组织团结动员职工群众开展党史学习教育的生动实践，也是将党史学习教育与职工阅读学习活动完美结合的经典案例。活动有力影响带动了广大职工掀起党史学习的热潮，吸引了中央和地方等诸多媒体现场采访并在第一时间发出报道，成为党史学习教育和全民阅读活动中一道亮丽的风景线。

2022年4月22日，在第27个“世界读书日”到来之际，第六届“阅读经典好书 争当时代工匠”全国工会职工书屋主题阅读交流暨“喜迎二十大 建功新时代”全国职工主题阅读活动在京启动。时任中华全国总工会党组书记、副主席、书记处第一书记陈刚等全国总工会领导和劳模代表共同启动阅读活动。2022 年，职工书屋还联合《中国工人》杂志、技能强国–全国产业工人学习社区、学习强会，推出党的二十大精神学习平台，构建随时学、随地学、自主学、互动学的云端学习生态。通过组织开展“中国梦 · 劳动美——凝心铸魂跟党走 团结奋斗新征程”全国职工学习党的二十大精神知识竞赛，各级工会广泛宣传发动，广大职工积极参与，累计有 1225 万人次实名制参与线上答题，带动全国总工会党的二十大精神学习平台的总访问量超过六亿次。中国铁建、长庆油田等 15 家重点企业举办专场竞赛，中国快递协会六万名快递员工集体参赛，成为学习热潮中的新亮点，引导广大职工共同参与，以赛促学、以学促行，全民阅读热情久久激荡。

伴随着职工书屋阅读活动的不断深入，全国总工会副主席（兼）、“雷锋传人”郭明义，全国总工会副主席（兼）巨晓林，全国总工会副主席（兼）高凤林，大国工匠罗昭强，著名作家梁晓声，国家一级演员萨日娜，著名歌手苏红，著名演员高亚麟，中央广播电视总台主持人李红，资深媒体人罗振宇，中国诗词大会第三季冠军雷海为，中央民族大学教授蒙曼等劳模工匠人物代表、文化界人士等陆续应邀为全国工会职工书屋担任公益代言人，为新时代职工阅读潮流领航。

在全国工会职工书屋建设领导小组办公室、全国总工会宣教部的指导和大力支持下，为进一步加强女职工思想政治引领、促进素质提升、推进家庭文明建设，从 2021 年起，全国总工会女职工部按照全国工会职工书屋主题阅读交流活动总体部署，开展“玫瑰书香”全国女职工主题阅读活动，打造独具特色的阅读品牌。活动包括：通过组织举办全国示范性女职工阅读活动，引领全国各级工会女职工组织举办一系列线上线下阅读活动，引领全国亿万女职工参与阅读活动，培养阅读习惯；开展“玫瑰书香”系列推荐征集展示活动，向全国女职工推荐优秀图书，开展“玫瑰书香·喜迎工会十八大”等主题女职工阅读成果征集活动；实施“三个一百”行动——培育 100 个“玫瑰书香·最美女职工阅读点”，发掘推荐 100 个优秀女职工阅读组织，选树 100 名阅读学习成才女职工，等等。著名主持人、作家敬一丹，党的二十大代表、“全国五一巾帼标兵”青格勒吉日格乐，国家一级演员、“玫瑰书香”全国女职工主题阅读活动领读人萨日娜，大国工匠、“全国五一巾帼标兵”顾春燕，著名学者、“玫瑰书香”全国女职工主题阅读活动代言人蒙曼等出席活动，活动营造了爱读书、读好书、善读书的浓厚氛围，助力经济社会发展，助力书香中国、健康中国、家庭文明建设，为提升职工素质和社会文明水平作出积极贡献。

第五章

成　效

建设职工书屋，旨在以职工书屋为平台，以改善一线职工特别是农民工的学习条件为目的，满足广大职工日益增长的精神文化需求，保障职工的基本文化权益，在广大职工中传播先进文化，普及科技知识，引导职工养成“爱读书、读好书”的良好习惯，推进社会主义核心价值体系建设，让广大职工在共建中共享改革发展成果。

在全国总工会书记处的高度重视和直接领导下，职工书屋已经成为广大职工“即时学习、岗位成才”的重要园地；成为新时期工会组织职工、引导职工、服务职工和维护职工合法权益，加强工会组织建设的重要手段；成为促进基层企业文化、职工文化发展，加强职工队伍建设和维护社会稳定的重要载体；成为工会组织参与公共文化服务设施体系建设的基础工程。

各地工会组织立足基层现有条件，依据实际情况，因地制宜、灵活多样、创造性地建设职工书屋，使职工书屋呈现“百花齐放”的局面，职工们走进书屋，或安静阅读，或促膝畅聊，职工书屋成为亿万职工思想引领的重要阵地、学习成长的平台、温暖亲切的精神文化家园。

职工素质提升的平台

职工书屋是工会发挥“大学校”作用的有效形式，为广大职工、农民工获取知识信息、提高职业素质及思想文化修养创造了有利条件。各地工会纷纷积极创新各种办法和模式，充分发挥图书效用，普遍依托职工书屋深入开展了“创建学习型组织，争做知识型职工”等各种活动，通过职工书屋引导职工走进工会“大学校”、走进社会大课堂。很多一线职工都说，现在项目现场、工厂车间都有了职工书屋，就像又进了学校学习一样，感到欢欣鼓舞。

北京市总工会将职工书屋建设与首都职工素质建设工程有机结合，充分利用职工书屋的场地、图书资源，开展职工技能培训和技术比武活动。中石化天津石油分公司发挥职工书屋的启智聚力功能，按照全国总工会和天津市总工会的要求，坚持把职工书屋建设提升到创建和谐企业的高度，纳入职工素质建设工程，作为加强特色企业文化建设、建设学习型组织的重要平台，努力把职工书屋建设成“群众满意工程”，逐步形成了职工书屋“硬件建设规范化、规章制度标准化、服务管理科学化、读书活动经常化”的良好格局。

四川各级工会整合资源、集约投入，积极鼓励和指导企事业单位作为主体力量参与职工书屋建设，推动职工书屋与工人文化宫、职工之家、劳模创新工作室等工会服务阵地融合发展，结合职工所在地域、行业及作息情况等特点，灵活便利设置职工书屋空间环境和管理服务方式。坚持上下联动，聚焦共建共享、实际需求、效能提升，不断打造、充实、做响职工书屋品牌。立足不同产业、行业、企业及职工群体类型，职工书屋服务重点下沉基层一线，在创建模式、功能设施、内容资源、活动开展等方面形成鲜明的工会特色。目前，全省已有 320 个便利型阅读站点、500 个职工书架，方便劳模、工匠、优秀职工

(农民工)、新就业形态劳动者等群体随时有书可读，读书有地可去。四川各级工会推动形成全员参与机制，培育读书会、阅读俱乐部等职工读书组织，结合职工岗位类型、文化程度、年龄结构、兴趣爱好等丰富内容；依托职工书屋阵地，持续深化“中国梦·劳动美”主题宣传教育，各级工会举办职工诵读演讲、读书征文、主题交流等阅读活动 10000 余场，线上线下职工参与人数累计超 1000 万人次，汇聚起建功新征程的磅礴力量。

江苏省总工会每年度开展职工读书月活动，深度融入主题教育，不断创新形式载体，广泛开展各类读书活动，拓展创新职工书屋建设，以读书月活动为契机扎实推动职工文化活动深入开展，培养选树了一批优秀阅读品牌、阅读空间、阅读活动、阅读组织和阅读推广人，大力推动书香机关、书香企业、书香家庭等活动，推动在全省广大职工中形成多读书、读好书、善读书的良好风尚。结合开展“劳模工匠进校园 思政教师进企业”工作，江苏省总工会充分利用各级各类职工读书活动阵地，发挥劳模先进的带头作用，通过职工读书和“双进”活动的结合开展，在全省上下唱响劳动最光荣、劳动最崇高、劳动最伟大、劳动最美丽的时代主旋律。

西藏自治区总工会将职工书屋建设与“创建学习型组织，争做知识型职工”活动紧密结合，为职工提升职业素质、学习致富技术提供了便利条件。他们以建立职工书屋为抓手，为基层企业和部分事业单位建立了提供职工学习的平台，帮助职工增长知识、开阔眼界，有力地促进了基层员工整体素质的提高。

山东兖矿集团各级工会组织坚持以职工欢迎、群众受益为标准，把职工书屋的服务对象放在一线职工，把工作重点放在一线班组，把资金投入向一线倾斜。集团公司工会在继承和发扬好的传统的基础上，积极适应新的形势，不断创新方法，通过开展“读书提素质”评选、“学习型家庭”评选、“优秀读书笔记”评选，成立职工知识大讲堂、职工文学社等，不断延伸职工素质提升的新载体。他们还大力推进以全员学习、岗位练兵、技术比武和“学先进典型，练内功绝活，树名优品牌”等活动为主要载体的职工素质提升工程，每三年举办一次全员岗位技术比武，建立四个“大师工作室”，评选100名“首席工人技师”，促进了职工队伍综合素质的提升。

中建集团各局各地项目、中国水产舟山海洋渔业公司工会等企业工会针对建筑工地和渔场等作业一线流动性的特点，建立流动书屋。工地和民工在哪里，渔业职工在哪里，职工书屋就搬到哪里，使一线职工、农民工和渔业职工无论工作岗位移动到哪里，都能读到精品图书。

青岛港（集团）有限公司大港分公司结合农民工比重较高的情况，以职工书屋为载体，以“文化惠泽职工”为宗旨，以“和谐大港、书香家园”为主题，为农民工“送技能、送法律、送文化、送健康”，组织多种形式的群众性读书活动，营造浓郁的读书氛围，使广大职工在活动中丰富了知识、陶冶了情操、提升了素质，努力做到好书传递真情、阅读改变人生。广大农民工兄弟已经把不断学习当成一种敬业精神，把获取知识当作一种精神享受，做知识型员工、建学习型团队已经成为一种自觉的行动。与此同时，农民工队伍建设也发生了深刻的变化，逐步实现了

“从技能匮乏向又红又专转变，从挣钱吃饭向实现价值转变，从短期务工向身心融入转变，从打工者向新时期产业工人转变”的“四个根本性转变”，大批农民工成为公司技术工人队伍中的骨干力量，公司实现了农民工管理使用上质的变化与提升。

提升工会组织作用的阵地

在日常工作中，职工书屋建设成为工会开展活动、服务职工、发挥作用的重要阵地。

工会具有组织职工开展读书活动的优良传统。在新的历史条件下，各级工会既要继承和发扬好的传统，又要适应新的形势不断创新活动方式，坚持以人为本，不断丰富内涵。基层工会普遍意识到，“书屋虽小，但它起点高、意义大、涉及广”。职工书屋建设作为依法维护广大职工，特别是农民工群体的生存权、学习权和发展权的重要载体，赢得了职工、企业的共同欢迎，因而成为在基层企业特别是非公企业组建工会的一个重要抓手，也成为新时期工会融入职工、深入企业，开展各项工作的重要阵地。

职工书屋作为工会积极推动社会主义先进文化建设的重大举措，在组织职工、引导职工、服务职工、维护职工合法权益方面效果显著，进一步提升了工会的地位和作用，成为新时期党的群众工作的重要载体。它在有效促进广大农民工职业化、提升工人阶级意识、稳定职工队伍方面起到了重要作用，初步具有了广泛的社会影响力，成为工会的一项品牌工作。

在日常工作中，职工书屋建设也成为推动工会开展工作的重要抓手。小企业、小商户建工会、发展会员一直是一个难题，以建设职工书屋等为媒介和平台，支持企业与职工文化发展，成为说服和吸引小企业建设工会的重要手段。在全国工会职工书屋建设领导小组办公室等部门的支持下，中国机冶建材工会与北京市总工会协作，于2013年12月在位于北京市丰台区的集美家居市场集团总部挂牌成立了职工书屋、职工之家和工会服务站，入驻市场的1100余家商户的近1万名职工，在自愿的基础上成为工会会员。他们领到了“京卡·互助服务卡”，得到北京市工会会员“独享”的普惠制服务。

据悉，这是我国建材行业首个依托市场物业主体，通过构建工会、职工之家、职工书屋和工会服务站“四位一体”模式而产生的大卖场工会组织，填补了入驻大卖场商户建立工会的空白，被称为“集美模式”。

大卖场经营业态在批发、家居、家电等行业广泛存在，其入驻代理商户数量庞大、规模较小、所在地分散、经营模式各异，由商户派驻市场的销售员人数多、流动性大、利益诉求复杂，但由于这些商户没有建立工会组织，广大销售员长期游离在工会组织之外。集美市场“四位一体”模式的出现，让人们看到大卖场对建会盲点的突破。以此为经验模式，北京市总工会在全市仓储物流、家居建材、家电服装等数千家大卖场推行建会、建家、建屋、建站“四位一体”的规范化建设，广泛组建市场工会、入驻企业工会和销售人员联合工会等，最大限度地吸纳未建会的入驻企业职工加入工会组织。北京市总工会有关负责人表示，职工书屋、职工之家和工会服务站是属于职工的“家”和“站”，不仅要关心职工的生产生活和素质、文化教育，更要让职工感到工会是职工利益的代表者和维护者，是真正的“娘家人”。

中国机冶建材工会将这一模式向全国推广，通过规范职工之家、职工书屋和工会服务站等建设，为销售人员、促销人员提供多元化服务，扩大工会组织的影响力和凝聚力，进而“倒逼”未建会的中小型家具建材生产厂家建立工会组织，为实现行业工资集体协商奠定基础。

与此同时，职工书屋建设增强了工会组织的凝聚力。河北省总工会对全省职工书屋建设工作高度重视，一直把职工书屋放在心上，抓在手上，不断提升职工书屋品牌在社会上的影响力和全省职工中的凝聚力。一是将职工书屋建设作为工会服务全省跨越发展的重点工程，作为“抓大事、抓善事、抓要事、抓有影响的事”的重点项目和服务企业创新发展、改善学习条件、引导职工岗位成才的重大项目来实施。二是把职工书屋建设作为企业职工文化建设的重要载体，作为培养高素质职工队伍的一项重要内容，作为在岗职工的继续教育培训重要载体和手段。针对全省产业转型升级的实际需求，不断围绕职工学习权、成才权、发展权的需求，为更多职工岗位创学、岗位创新、岗位创业、岗位创优创造良好环境和条件。三是把职工书屋作为工会维护职工精神文化权益、丰富职工文化生活、扩大社会影响的重要品牌来打造，不断把此品牌提升擦亮。

河北省总工会还广泛开展“职工经典诵读”活动。按照全国总工会的要求及有关工作安排，广泛开展荐书、读书、诵读、演讲、沙龙等活动，引导职工“爱读书、多读书、读好书”。这既丰富了职工的精神文化生活，营造了积极向上、健康温馨的工作氛围，又促进了企业经营发展，推动了企业文化建设，增强了企业凝聚力，受到企业和职工的普遍欢迎，也有效地增强了职工对企业的归属感和责任感。

河北省总工会还不断开拓工作思路，积极为职工书屋建设单位提供各种文化服务。省职工文体协会积极把职工书屋示范单位吸收为协会会员，将其优先选树为全省职工文化精品、职工文化优秀示范阵地、职工文化优秀团队和职工文化优秀骨干。通过让职工书屋建设单位享受更多的文化服务，职工精神文化生活得以丰富，职工队伍整体素质得以提高，从而大大增强工会组织的凝聚力。

融合企业文化与职工文化的桥梁

职工书屋建设成为企业建设的重要手段和内容，有力地促进了职工和企业的共同发展。由于大多数职工书屋都建在基层企业，很多企业日益认识到工会牵头开展职工书屋建设，对于促进企业的经营发展，推动企业文化建设，提高职工素质和企业凝聚力具有重要的价值和明显的作用。企业以此为载体，借助读书活动和“创争”活动等工作抓手，通过开展书评征文、读书讲座、读书沙龙、星级书屋评比等活动，引导职工“爱读书、多读书、读好书”，努力丰富职工的精神文化生活。通过开展知识竞赛、读书演讲、心得交流等活动，营造了积极向上、健康温馨的工作氛围，有效地增强了职工对企业的归属感和责任感，促进了职工间的交流和友情。

随着职工书屋建设工作的持续推进，越来越多的企业意识到职工书屋对加强企业文化建设、促进企业发展的重要价值，也走进职工书屋，和职工们在一起读书，甚至把自己的书也捐献出来，放到职工书屋进行交流，并更加理解和支持工会开展的相关工作。

广东省每年开展“十大书香企业”评选表彰，通过优秀企业的示范带动，全省各类企事业单位大力推进职工书屋建设和职工读书活动，积极为职工创造良好的学习平台，帮助职工学习新知识、掌握新技能、增长新本领，拓展广大职工的成长成才空间。各单位组织动员全省职工积极参加各类读书学习活动，让读书成为自己的一种生活方式，把个人梦与中国梦紧密联系在一起，通过践行社会主义核心价值观和读书学习来实现自己的梦想。全省各级、各类企业通过深化实施职工素质建设工程，不断提高职工素质，深入加强企业管理，形成崭新的企业文化，凝聚全省职工的智慧与力量，为实现中华民族伟大复兴的中国梦和广东省“三个定位、两个率先”目标贡献力量。

湖北省、山西省、贵州省、江西省和天津滨海新区的许多企业以职工书屋为载体，开展“倡导全民阅读，共建书香企业”的主题阅读活动，不断丰富读书活动的形式，既增强了职工阅读效果，又有助于企业的文化建设。天津开发区总工会把职工书屋做成“读书空间”，让职工享受阅读，并辅之推动区级“阅·奉达”读书俱乐部和企业级职工读书社团建设，邀请大咖来做读书分享，职工们在这里品茗读书，交流心得，收获成长。

南京市总工会将职工书屋建设与企业文化、职工文化建设紧密结合。南京市总工会十分重视职工书屋的建设，开展一系列丰富多彩的职工阅读活动，努力把职工书屋创建和活动中呈现的精神品质与价值追求，升华与内化为企业文化和职工文化的一部分，使读书学习成为广大职工的内在需求，真正地营造出一种浓厚的读书学习氛围。全市各单位积极组建以阅读为主题并经常性开展活动的组织，包括各类职工读书俱乐部、书友会、读书兴趣小组、书香班组等，实现职工阅读组织“八有”的目标：有团队、有名称、有会长、有场地、有经费、有计划、有活动、有宣传。全市涌现出“读吧”、“思渡书社”、“地平线读书社”、“蠹鱼书社”、“星火书社”、“天宇流芳书友会”等一批优秀职工阅读组织，各具特色，有辐射力和影响力。

南京市总工会还借助 QQ、微信等即时通信工具，创建“南京职工书香”QQ 群和“书香企业”微信群，及时发布阅读信息，做好网上阅读指导。江苏润和、长安马自达、中建安装等一批单位建立各级各类职工阅读群达上千个，广泛宣传阅读，发布阅读活动信息，开展读书学习交流。阅读，已成为南京广大职工的一种时尚、一种习惯、一种新的生活方式。

辽宁省沈阳市总工会从实际出发，坚持将企业文化与职工文化相结合，围绕深入实施文化凝聚提升工程，把推动职工书屋建设作为加强企业文化建设、密切联系职工群众的有效载体、社会主义核心价值观实践活动的平台阵地和提高职工队伍整体素质的重要抓手，使职工书屋常建常新，功能作用进一步发挥。沈阳市总工会农民工工作部联合各区县（市）政府主管部门在农民工聚集地开辟文化活动室，开展流动图书馆进工地活动，受到建筑企业和农民工普遍点赞；和平区总工会建设的“好好学习”主题职工书屋，集成“思想引领、文化凝聚、创新创业、文明实践”四大功能，设计了“学习阅读、志愿服务、技能培训、文化体验、科学普及、分享沙龙、作品展览、创新创意、图书漂流、联盟互动”十大空间，为职工练就过硬本领、锤炼品德修为提供了学习交流平台，成为主旋律与时代感密切融合的学习文化活动空间；于洪区总工会出版的《书海扬帆》专辑收录了职工们爱读书、读好书的真情实感和心路历程；沈阳机床集团双管齐下，不仅在企业自办的报刊上开辟“读书沙龙”专版，而且在公司内网上设立“好书推荐”专栏，营造了读书、交流、共享的企业文化氛围。

有助社会文化建设的举措

实践证明，全国工会职工书屋日益成为国家

公共文化建设的重要组成部分，其文化内涵和载体功能在实践中还将进一步拓展延伸，组织职工、凝聚职工、服务职工的阵地作用必将日益显现，特别是在开展群众性读书活动，全面提升职工队伍整体素质，以及推动职工队伍和社会稳定等方面，将发挥更加积极有效的促进作用，成为为经济社会又好又快发展提供智力保障的一项重大举措。

江苏、湖南、黑龙江、山西、安徽、福建、新疆、甘肃等地纷纷将职工书屋建设作为当地社会文化建设的重要内容，职工书屋日益成为开展全民阅读、公共文化建设的重要组成部分。在2009年11月中央宣传部、国家新闻出版总署共同主办的全民阅读活动经验交流会上，全国工会职工书屋建设工程荣获优秀项目奖。时任国家新闻出版总署副署长邬书林对其给予高度评价：职工书屋工程有利于培养全民读书，形成良好的社会风气，是建设和谐社会、利国利民的一项重大举措。

为了发挥职工书屋的最大社会效应，推动社会文化建设，上海市总工会充分利用拥有32年历史积淀，被誉为“上海工人阶级首创”的上海市振兴中华读书活动和上海读书节，在职工书屋这块阵地上广泛开展读书征文、读书心得交流、演讲、朗诵、专家讲座、知识竞赛、读书乐摄影比赛等形式多样、灵活便捷的群众性读书活动，以增加职工书屋的吸引力，营造职工书屋浓郁的文化氛围，为企业发掘和培育更多的有用人才。同时，上海各级工会还利用每年的上海读书节，开展为农民工“送文化、送法律、送健康”系列活动。

在建好本地工会职工书屋的同时，上海工会千里援建，树立文化惠民、服务全国的大局意识，积极为对口支援单位——四川省都江堰市、新疆喀什四县援建职工书屋示范点。2008 年 5 月，上海市总工会在第十届上海读书节隆重举行之际，发动全市职工捐书 100 多万册，精心挑选出 97.2 万余册，集中运往四川省都江堰市，并投入资金 220 万元用于购置电视机、计算机、椅桌、投影仪等文化设施，为都江堰市援建了 22 家职工书屋示范点。2009 年 7 月，上海市总工会派出由工会宣传干部、工人艺术家、读书明星、职工书屋先进单位代表组成的文化访问团，前往都江堰市，与已建成的 14 家职工书屋示范点开展“同享知识，共建和谐”主题活动。此后几年，上海市总工会又每年投入 60 多万元，通过全国工会职工书屋图书配送中心调配包括维文图书在内的各类图书，为新疆喀什四县援建职工书屋示范点 40 家。

努力将职工书屋引向社会，发挥其社会文化建设的作用，是吉林省总工会和各市（州）工会积极推行的一项重要举措。近十年来，当地工会充分发挥全国职工书屋示范点单位的引领带动作用，以点带面，将职工书屋建设推向社会。各地针对外资企业职工工作节奏快、压力大、业余文化生活匮乏的特点，选择在典型的外企筹建职工书屋；针对街道社区居民中下岗职工多、缺乏再就业技能的实际，选择在社区筹建职工书屋；针对外县交通不便，职工接受现代信息机会困难的情况，选择在县区总工会筹建职工书屋。通过在不同区域、不同层面和不同行业先行先试，使职工书屋建设成为当地的一项标志性文化工程。

在职工书屋的建设中，安徽省合肥市总工会

创新思路，积极探索多元化的建设模式，高质量建设职工书屋，将固定书屋与流动书屋、流动书箱或流动图书车等形式结合起来建设，将传统书屋与电子书屋结合起来，将工作区书屋与职工公寓区、生活区书屋结合起来，把开展读书学习活动与解决企业生产技术重点、难点问题结合起来，实现职工书屋由“建”向“用”的转变。同时，努力将职工书屋建设纳入社会文化建设的范畴。为了扩大职工书屋的社会影响力，合肥市总工会利用全市各大媒体以及《合肥晚报》职工之家专版、《合肥工运》、《合肥工会工作》、合肥市总工会网站等工会自身宣传载体，广泛宣传建设职工书屋的目的和意义，充分介绍职工书屋的功能和作用，在社会上引起强烈反响。

浙江省是我国民营经济十分发达的省份。为提高众多民营企业经营管理者和广大农民工的思想道德素质与科学技术文化水平，推动全省社会文化建设，浙江省总工会首创“农民工文化家园”。为实现职工书屋建设初衷，方便工作生活在城乡接合部、工业园区、开发区和工业发达乡镇村的一线职工特别是农民工分享读书的快乐，同时又能享受文化娱乐和技能知识培训，浙江省总工会在试点基础上，借鉴杭州、温州等地开展的集职工书屋、职工学校、工人文化宫“三位一体”的职工文化家园的建设经验，于2011年起启动了全省“农民工文化家园”建设项目。2013年，浙江省总工会又联合省政府七部门制定出台了《关于认真贯彻党的十八大精神，进一步推进新时期全省企业职工文化建设的实施意见》，完善“农民工文化家园”建设标准，依托乡、镇、村农村大礼堂，实现共建共享。其中，浙江省省级“农民工文化家园”建设标准是：拥有500平方米以上的多功能室内活动场所，配有一定数量的图书、期刊和计算机；拥有1000平方米以上的室外文化休闲广场，设有球类等基础体育设施及简易演出舞台、露天舞池等文化娱乐设施；有专门管理人员和经费保障；积极开展适合农民工特点的各类健康有益的职工业余文体活动。

书屋让企业更美好

而今，职工书屋已经成为很多优秀企业的“标配”，职工书屋的功能和意义也在不断拓展和延伸，它不仅是职工阅读学习的地方，更是企业的综合文化服务空间，是企业文化、职工文化建设不可分割的一部分。

中国邮政沧州分公司的职工书屋精心设计布置，除了阅览厅，还有多媒体阅览室、创新工作室，甚至餐厅都布置了温馨别致的书架、座椅等设施，为给员工提供优雅的阅读环境和文化氛围，还提供多种现磨咖啡以及奶茶等各类冷热饮品。不论是职工，还是职工家属或朋友，都可以到书吧看书品茶，享受现代化的文化休闲生活。书吧全天候开放，并专门配备了一名专职人员负责书吧日常服务，同时还拥有 20 人的书吧志愿者队伍，志愿者都是由公司员工自发组成，在午休时间、下班后和双休日为员工提供热情周到的“星级”服务。它不仅给员工提供了一个放松心灵、静心读书的环境，更是倡导着一种舒适的阅读方式。

书屋不仅是读书场所，也是开展部门会议、业务研讨、头脑风暴、商务洽谈等多种活动的场所。每个员工都积极为公司的发展出谋划策。公司函件局充分利用公司书吧配置的图书和环境，将函件文化同村落文化有机地结合在一起，创新邮政产品。随着阅读文化建设不断完善，职工原创的文化成果不断积累，有职工创作多部儿童文学畅销书，已然成为全国著名的儿童文学作家。这些文化成果无不得益于公司读书文化的熏陶和营养。

走进海南八一总场职工书屋，浓浓咖啡香扑面而来，淡淡茶香沁人心脾，翰墨书香清新袭人。一排排整齐的书架上摆满了生产、生活、历史、文学、艺术、摄影等各种书籍，《人民日报》、《工人日报》等各种报纸杂志应有尽有。书屋里，阅读区的职工在静静阅读，休息区的职工在小声地聊着天，走入其间，就像走入了“家”一样温馨。

海南八一总场始建于 1957 年 6 月，其前身为国营和盛军垦农场，如今是一家集农、工、商、建、运于一体的企业，为了满足广大职工的读书需求，总场工会决定建设一个职工书屋，让大家闲暇时有书读，有地方去。经过一番努力，职工书屋终于建好了。

职工书屋建好了，怎么吸引职工成了管理者面临的一个课题。为了增加书屋的吸引力，总场工会对职工书屋进行了一番装修，他们按照居家风格进行设计，为的就是营造一种“家”的感觉。在图书布局上，还根据不同的阅读需求设立了不同的专区，如人生哲理、养生保健、企业管理等，让不同的人能很快寻找到自己喜爱的书。为了体现农垦特色，八一总场职工书屋还专门设置了“垦区文化”图书专区，摆放了与农垦相关的书籍。除了图书，书屋还配备了计算机、平板电脑，开设了无线 Wi-Fi 等电子设备，实现无线网络全覆盖。同时，职工书屋还供应各式饮品，让读书变得更加“有滋有味”。所有这些良苦用心果然没有被辜负，整装一新、图书充实、氛围温馨的职工书屋吸引了很多职工前来。职工们都说，以前业余时间总是没地方去，不是看电视就是打牌。如今有了这么温馨的职工书屋，大伙都愿意在这待着，来了就不想走了。

为了保持和增强职工书屋持续的生命力，八一总场在职工书屋的运作模式上也下足了功夫。他们摒弃了“开开门，看看书，关了门，再开门”这种简单的管理模式，而是按照公益与市场相结合的方式经营职工书屋。对职工，坚持公益创办的理念，不赚职工一分钱，给每个职工都发放一张“优惠卡”用于书屋消费。对社会上来书屋消费的人群，也考虑到公益的一些因素，相应控制价格，做到比市场上的同类咖啡屋价格要低一些。这一模式吸引了更多的人来到书屋，进一步扩大了八一总场职工书屋的影响力。经过几年的运营，职工书屋还有少许盈利，实现了“以书屋养书屋”的良性循环。

除了为职工提供阅读学习的场所和充足的精神文化读物，八一总场职工书屋能够吸引众多职工的另外一个重要因素就是，总场工会将特色文化建设与职工书屋相结合，打造职工书屋的向心力和感召力，形成了著名的“职工大讲堂”，并从“职工大讲堂”到“职工大辩论”再到“职工大演讲”，不断适应职工和企业的需求。通过这一品牌文化活动，八一总场深化了职工的读书学习效果。职工到职工书屋读了什么好书，就到大讲堂去讲读书后对人生的感悟、对工作的启发、对企业管理的建议等。八一总场还将职工书屋与“八一幸福家园”微信群结合起来，将一些职工的读书感悟发到微信群里共享，供大家探讨，鼓励职工都来发表自己的观点，通过创新、共享、融合的方式，促动大家多读书、善读书、读好书，提高职工的文化软实力，锻造企业的综合实力。通过工作人员的努力，越来越多的职工在业余时间习惯走进书屋，享受读书带来的乐趣。职工书屋已经成为职工获取信息、学习知识和丰富精神生活的综合文化空间。现在，在八一总场，如果要问“谁最无私、热情、真诚、有求必应”，很多职工都会说是职工书屋。它为所有职工提供了良好的学习场所，不断地给予职工知识和文化的滋养，帮助职工攻克工作上的道道难关，解答生活中的种种疑惑，成为职工职业发展和心灵成长的“加油站”。它提升了职工的文化素养和技能素质，促使职工将文化和技能转化为生产力，有效促进了企业的科学发展。

大江南北，像这样环境优雅、内涵丰富的职工书屋如雨后春笋涌现，每年的“最美职工书屋”评选与展示，也成为特殊亮丽的风景线。

书屋托起劳动者的成才梦

农民工是我国产业工人队伍中的重要群体，是中国改革发展中默默无闻的劳动者，是现代化城镇建设的功臣；他们大多来自农村，在城市中干着最苦最累的活，为城市带来了光鲜和美丽；他们大多学历不高，因为各种原因错过了最好的读书年华，但仍有一部分人坚守着读书成才的梦想。人生有梦不觉寒，在追寻梦想的路上，职工书屋永远为他们亮起一盏温暖的书灯。

夏荣斌，一名来自江苏的普通建筑女工，少年时期因家庭经济原因无法实现读书梦，做过油漆工、小工、勤杂工、建筑工，无论干哪一项工作，她都能吃苦耐劳、认真负责。2013 年，夏荣斌被派到中建二局一公司北京大兴项目工地务工，一次偶然的机会，被安排去大兴项目工会职工书屋打扫卫生。进入职工书屋的那一刻，她被眼前的场景深深地吸引了：书屋环境优雅别致，墙上挂满了催人奋进的名人名言，一排排书架鲜亮整齐，各种图书琳琅满目，杂志报纸一应俱全。眼帘里一下子充满了这么多书，那一刻，多年来深藏在夏荣斌内心的读书梦似乎被重新唤醒。自从与职工书屋“偶遇”后，夏荣斌就成了职工书屋的常客。在那里，她如饥似渴地学习工程资料管理，学习安全管理知识，逐步积累了作为一个管理人员应有的基础才能。机会总是降临在有准备的人身上。2013 年 8 月，夏荣斌所在劳务公司的分包队需要一个懂资料管理的人去协助技术部门准备竣工验收资料，分包队队长知道夏荣斌平时爱读书，就推荐了她。夏荣斌果然不负众望，认真细致地完成了交办的全部工作。2014 年，劳务公司需要增加一名劳动力管理员，经理鼓励她参加北京市劳动力管理员的资格证考核。那些日子，夏荣斌每日埋头在职工书屋里准备考试，努力学习，不敢有一丝懈怠。功夫不负有心人，刻苦的夏荣斌顺利取得了劳动力管理员的上岗资格证，并如愿成为一名劳动力管理员，实现了人生的第一次跨越。

职工书屋不仅使夏荣斌圆了读书梦，更重要的是为她搭建了更为宽广的舞台，拓展了她的事业空间。2015 年初，夏荣斌随劳务队来到中建二局一公司北京顺义板桥项目施工，在对新进农民工进行普法维权教育和协助安全部开展三级教育的过程中，她越发感到自己的专业知识还需进一步加强。特别是担任了项目农民工督察队队长后，她发现自己未能全面掌握施工安全规范，在现场巡查时对一些规范要求还不清楚。此时，她又想到了职工书屋，那个曾经助她实现第一次职业生涯飞跃的地方。夏荣斌带着当年的那种求知若渴的心情再次来到顺义板桥项目工会职工书屋，废寝忘食地阅读学习施工技术规范、施工安全、BIM 应用等各方面的知识，并参加了一系列安全技术培训课程，认真听讲，仔细做笔记。课上不太明白的地方，她就去相关部门咨询学习，直到弄清楚为止。她知道，要想成为一名优秀的管理者，就必须不断学习，提升自身的综合素质，提高自己的管理水平。为了更好地履职和规划自己的职业生涯，夏荣斌决定向更高的目标攀登。利用工作之余，她准备参加二级注册建造师的执业资格考试。为了提高学习效率，她每天吃完晚饭后先睡一觉，晚上九点半起来学习到第二天凌晨三四点钟，实在太困了才去睡觉。2015年，勤奋学习的夏荣斌一次性通过了二级注册建造师和安全员 B 本证书的资格考试，实现了职业生涯的第二次跨越。

夏荣斌通过职工书屋改变命运、励志成才的例子，只是中建二局一公司职工书屋建设的一个缩影。公司涌现出了很多读书成才的典型人物，很多项目单位也积极依托职工书屋创建职工创新工作室，有力地推动了企业科技创新。创新工作室带动了一大批年轻人积极投身科技创新活动中，他们在创新中学习，在创新中成长，为公司今后的转型升级储备了大量科技人才和宝贵的创新经验。公司工会通过在中建二局一公司总部职工书屋挂牌成立“荣斌读书会”，将总部机关爱好读书的职工组织起来，每周开展一次读书交流活动，以打造“智慧总部”为宗旨，提升总部管理人员的综合管理水平。不断涌现的“读书会”，把全公司所有喜欢读书的职工吸纳进来，通过组织读书会、诗歌朗诵会、专业知识培训交流、户外读书采风等活动，逐步将读书会打造成企业文化建设品牌，让职工书屋永远散发育人成才的馨香。

“职工书屋里飞出金凤凰啦!”中建二局北京顺义板桥项目上的工友们在兴奋地谈论着。2017年3月的朗读活动，让夏荣斌这个普通农民工成了工友眼中的“明星”。人民网、《工人日报》、《首都建设报》的记者们纷纷要求采访她，让她说说成为“金凤凰”的故事。夏荣斌对突如其来的关注却很淡定。“我只是想通过不断的学习来提升自身的修养，充实自己的生活，证明自己的社会价值”，她说，“读书学习永远在路上”。

中国铁建中铁二十一局的一线职工马小利，是初中毕业之后在都汶高速公路工地务工的农民工，跟着师傅学习电焊技术，目标就是想做一名优秀的电焊工。时间长了，熟能生巧，电焊技术越来越娴熟，但他并不清楚为什么要焊接成师傅要求的那个样式。当时，现场负责技术的主管说：你不能只是闷头干活，你要懂得焊接的标准和规范。在主管的帮助下，马小利第一次接触到施工现场的职工书屋。书屋虽然空间不大，但是有两面墙全是书柜，放满了书籍，里面有许多施工的规范、标准、手册，其中也包括他需要的施工焊接的规范和标准。之后，马小利就成了职工书屋的常客，有了专业书籍的帮助，马小利的焊接技术水平很快有了提升，技术创造的热情也一发不可收。他自己画图、设计、加工，开展技术革新和改进，不断推出创新发明成果，减轻了工人劳动强度，提高了施工效率，为生产一线解决了许多难题，被领导和工友们亲切地称为“工人发明家”。

2009 年，马小利被中国铁建接收为正式员工，成为中国铁建系统百万名农民工获此殊荣的第一人，同年荣获全国五一劳动奖章。莫大的荣誉，激励着马小利更加努力地去读书学习，后来，他函授取得西安交通大学电力技术自动化大专文凭，并继续攻读本科学历。2015 年，中铁二十一局成立了由他带头的“马小利劳模工作室”，现已升格为火车头劳模和工匠人才创新工作室。目前，中铁二十一局仅全国职工书屋示范点就有

13个，各级自建的职工书屋就更多了。在这些书屋里面，除了专业技术类书籍，还有文学、科学、社会学等各种门类的书籍。马小利除了从作业规范标准中提升专业技能，还从文学经典和名人传记中汲取了动力。《平凡的世界》、《被讨厌的勇气》等书籍，更加坚定了他学习进步的信心。2021年，马小利被推荐参加“中国梦·劳动美 永远跟党走 奋进新征程”全国职工演讲比赛。那一段时间，他一下班就钻进公司的职工书屋，如饥似渴地学习党史知识。后来，在总决赛中，他以党史知识答题环节满分，演讲比赛总分第一的成绩荣获大赛金奖。紧接着，他被延安南泥湾劳模工匠学院聘为特聘教授！

2023年4月25日，在庆祝全国工会职工书屋建设15周年暨第七届“阅读经典好书 争当时代工匠”全国工会职工书屋主题阅读交流活动启动仪式上，马小利分享了自己读书学习成才的心得。他也感慨地说：职工书屋是企业和工会组织给员工最贴心的福利。读书，已成为我最大的爱好。一路走来，职工书屋就是我心灵的“灯塔”，也是我工作和生活的导师，指引和帮助着我不断前行。

像夏荣斌、马小利这样从平凡中凭借阅读学习成才的劳动者已经千千万万，成为产业工人队伍建设的重要支撑。职工书屋对人的成长与塑造也还不仅于此——

她传播新知，把最好的精神食粮送到职工手中。每年，上千万册的优质图书都会在这里与各地的职工们相见，教育、科技、历史、人文、艺术等各类图书应有尽有。职工们在这里阅读学习、提升素质，收获了属于自己的成长。

她凝聚文化，企业文化、职工文化在这里发扬光大。许多企业的职工书屋已不仅是读书的地方，还是企业和职工开展各类文化活动的绝妙场所。职工们在这里挥毫泼墨、吟诗作赋、谈天说地，涵养品格。

她传递力量，引领职工去发现和追寻他们的梦想。人生如船，梦想是帆，读书就是鼓帆的动力。当职工拼搏时，她为其加油鼓劲；她默默地给予温暖，帮助有志者实现梦想。

第六章 展　望

新的起点　新的使命

2021 年 7 月，《中国工运事业和工会工作“十四五”发展规划》进一步明确建好、管好、用好职工书屋，力争到 2025 年底全国工会职工书屋示范点达到 1.6 万家，带动各级工会自建职工书屋达到 15 万家，实现各类便利型阅读点、劳模工匠书架广泛覆盖；电子职工书屋覆盖职工逾 5000 万人，基本形成覆盖大多数职工的工会阅读推广服务体系。

2023 年 4 月 25 日，庆祝全国工会职工书屋建设 15 周年暨第七届“阅读经典好书 争当时代工匠”全国工会职工书屋主题阅读交流活动在京启动，通过总结职工书屋建设取得的经验做法，进一步优化、创新主题阅读交流活动，推动在亿万职工中形成多读书、读好书、善读书的良好风尚。会议强调，各级工会要认真学习贯彻习近平总书记重要指示精神，把职工书屋和阅读活动作为职工思想政治引领的重要平台。职工书屋从无到有、从小到大，15 年来取得很大成效，在满足广大职工日益增长的阅读学习和精神文化需求方面发挥了重要作用。要切实把职工书屋建设和阅读活动抓好、抓出成效，多方筹集资源，持续扩大职工书屋覆盖面，更多惠及广大职工群众；强化数字赋能，运用大数据助力阅读模式和推广服务创新，推动职工书屋与工会服务场所及网络平台阵地融合发展；创新形式载体，做强主题阅读交流活动，把工会职工书屋建设成广大职工群众阅读学习的美好场所、美丽家园。

启动仪式上，中华全国总工会党组书记、副主席、书记处第一书记徐留平等全国总工会领导和劳模代表共同启动活动。会议总结职工书屋建设取得的经验做法，进一步优化创新主题阅读交流活动，推动在亿万职工中形成多读书、读好书、善读书的良好风尚。活动现场展示了全国工会职工书屋建设 15 周年成果，为长期从事职工书屋建设工作的基层工会干部颁发纪念证书，发布 2023 年主题阅读交流活动工作计划及推荐书目。2023 年，全国工会职工书屋将举办一次职工阅读学习成才征文活动，推出 10 个基层工会职工阅读活动品牌，培育 100 位职工“领读者”，打造 1000 个示范性职工读书会，开展 1000 万名职工共读经典活动。同时，组织第四届全国职工读书知识竞赛和 20 场全国职工示范性主题阅读活动。

6 月 6 日，全国工会职工书屋建设领导小组 2023 年第一次工作会议在京召开。会议强调要紧密结合学习贯彻习近平新时代中国特色社会主义思想主题教育，紧紧围绕职工思想政治引领和综合素质提升两大主线，推动职工阅读学习。

与此同时，职工书屋工程进一步推动职工读书会建设工作，筛选和培育一批基层单位的示范职工读书会，未来将持续筛选培育示范性职工读书会并进行发布，通过示范效应，逐步带动建设更多更好的职工读书会，把示范性职工读书会打造为职工思想政治引领的新阵地。

书屋筑就中国梦

职工书屋从无到有、从小到大、由少及多，今天，全国职工书屋星罗棋布，遍布神州，已达10万余家。从制造车间到野外矿山，从高铁、大桥的施工现场到航天、电子的科研院所，一个个书屋，传递着知识的力量；一本本书籍，闪烁着知识的光辉，职工书屋成为广大职工名副其实的精神家园。

展望未来，新的起点，新的征程，职工书屋任重道远。

第一，职工书屋必须是一个让职工读者喜爱的“书屋”。

任何对职工书屋的改造和延伸都不能脱离它作为阅读场所的基本性质和功能。在此基础上，为满足职工群众不断增长的精神文化需求，职工书屋应变得更加亲和、更加丰富、更加多元化、更加温馨。它就像一个随时候命的文化教师，使读者的困惑、疑问、迷思都能在书屋里得到回应和解决。因此，未来的职工书屋既是图书阅览室，又是心灵咖啡厅；既可以让读者安静地独处，又能让大家聚在一起互相交流，要成为集社会热点书籍学习阅读、研讨交流科技知识、心理辅导、思想道德教育、休闲身心于一体的综合文化平台。

第二，坚持给职工书屋提供优秀的精品图书。

职工书屋是传播社会主义核心价值观的载体，要充分发挥其精神文化产品育人、化人的重要作用。党和国家高度重视社会主义核心价值观建设工作。习近平总书记指出，要把培育和弘扬社会主义核心价值观作为凝魂聚气、强基固本的基础工程。中共中央办公厅印发的《关于培育和践行社会主义核心价值观的意见》精辟明确了其主要内容，即富强、民主、文明、和谐、自由、平等、公正、法治、爱国、敬业、诚信、友善。职工书屋作为倡导和促进全民阅读的公共文化工程之一，对培育和践行社会主义核心价值观有着重要的承载和推动作用。

职工书屋建设坚持以传播社会主义核心价值

观为己任，在选配图书方面既注重知识性、可读性，又注重实用性、教育性，不断为广大职工增添精神力量。未来，职工书屋将进一步在图书创新上做文章，继续弘扬主旋律、传播正能量，挑选职工喜闻乐见的精品图书。全国工会职工书屋图书配送中心与几十家优秀出版单位建立的阅读资源采集合作机制，保证了在图书精选的基础上形成上万种优秀适用的读物，并且不断更新品种，传播社会主义核心价值观。

第三，进一步支持一线产业工人、农民工聚集的地区、产业系统单位，向革命老区、民族地区、边疆和经济欠发达地区倾斜。

在全国总工会的组织领导下，职工书屋建设始终坚持正确的政治导向，坚持为企业、为职工群众服务的宗旨，努力扩大在学习条件不足地区职工书屋建设的覆盖面，职工书屋星罗棋布在全国数百万家工会基层组织、工矿企业和机关。

目前，我们一些一线产业工人、农民工聚集的地区，以及革命老区、民族地区、边疆和经济欠发达地区的一线职工的读书条件仍然相对匮乏。未来，对这些地区职工书屋的建设与发展，在政策、资金、组织、图书选择与配送，以及职工书屋管理人员的培训等方面都会给予特殊的照顾和优惠，让这些地区的职工尤其是农民工兄弟姐妹们共享改革开放和文化发展的成果，共享读书学习必备的文化资源。

第四，加强电子书屋建设，实现职工“指尖阅读”。

经过多年来的努力，全国工会电子职工书屋的内容与功能都有了进一步的拓展升级，不断向职工提供适合文化生活和科学技术等普遍需求的阅读资源。除了丰富多彩的大众文化生活、职工素质技能等方面，以及涉及图书、期刊、有声书等多种类型的阅读资源外，还将进一步形成全国工会职工原创作品共建共享体系，形成在线阅读互动社区，与实体职工书屋建设和活动开展形成有机配合。

按照全国总工会的统一部署，未来的电子职工书屋建设将不断进行功能与内容的完善及推广使用工作，逐步扩展到各级工会和基层企事业单位，逐年递增推广使用电子职工书屋，逐步实现全国工会组织、基层企业单位和广大职工、农民工的普遍覆盖，努力实现让全国工会电子职工书屋变成一个可随身携带的“数字图书馆”。

第五，职工书屋活动形式多样，内容丰富多彩，更加吸引人。

未来的职工书屋，将会定期举办各种丰富多彩、新颖活泼的读书会、培训会、演讲比赛、文化沙龙、文学创作、书画展览以及各式文艺活动，将会更加吸引人、感染人，激发职工群众参与的热情与激情。

未来的职工书屋，还将更加注重与“职工帮扶服务中心”、“职工之家”有机地结合起来，广泛调动职工践行社会主义核心价值观，推动社会主义核心价值观不断转化为社会群体意识和人们的自觉行动。

伟大的时代创造恢宏的业绩、创造伟大的工程。全国工会职工书屋已从初始河南省安阳市内黄县的“星星之火”，燃遍了祖国 960 万平方公里的炙热土地，给全国几亿职工带来了知识阅读、文化阅读、历史阅读、文学阅读、法律阅读、管理阅读，使职工提升了素质、开阔了眼界、增加了幸福指数。

在全国总工会书记处的坚强领导下，全国工会职工书屋工作将顺应时代发展、社会进步、受众需求，着眼构建职工阅读生态，在话语体系建构、概念范畴创新和议题设置上下功夫，继续以职工主题阅读活动为重要抓手，更好地为亿万职工提供有广度、有深度、有温度的阅读体验和文化享受。

职工书屋建设及相关平台、项目、活动的深入开展，将进一步怀抱中华民族伟大复兴中国梦、铸就社会主义文化新辉煌的蓝图与使命，以“服务化、体系化、品牌化、创新化、数字化”为理念，打造服务亿万职工的精神文化品牌。

第一，以职工为中心丰富精神文化服务内涵。顺应时代发展、社会进步、受众需求，着眼构建职工阅读生态，在话语体系建构、概念范畴创新和议题设置上下功夫，为职工提供“菜单式”、“订单式”文化服务，更好地为亿万职工提供有广度、有深度、有温度的阅读体验和文化享受，切实担负起作为党的意识形态阵地和工会思想文化建设主阵地的职责使命。

第二，以体系化的布局打造完善的阅读学习

生态。不断拓展实体职工书屋文化空间，推动综合化、便利化发展，提升实体阅读空间的品质，同时加强线上线下融合的阅读资源与体验；加强图书的配送服务，同时推动读书会的建设与阅读学习活动常态化开展；完善各级工会组织、企业行政、职工共同参与建设发展的共建共享机制，使职工书屋成为深入覆盖服务广大职工的服务网络体系。

第三，围绕年度重点和热点策划职工主题阅读活动，继续叫响“阅读经典好书，争当时代工匠”读书活动和职工书屋品牌。全国工会职工书屋建设领导小组直接指导、全国总工会宣教部实施推进，示范带动全国各级工会开展形式多样的职工阅读活动，营造书香四溢、健康向上的思想文化氛围，让广大职工群众在润物无声、潜移默化中实现思想政治引领。尤其要在组建基层职工读书会上发力，培育大批职工读书达人、学习成才明星、职工作家等，健全职工书屋长效发展机制，进一步夯实全民阅读基础。

第四，以新理念、新技术赋能职工书屋，努力打造融媒体、智慧型的全国工会公共文化服务平台，构建全方位、全链条、全周期的职工阅读生态。继续拓展职工书屋在工会服务职工场景中的应用呈现，优化升级电子职工书屋阅读系统，运用大数据助力阅读模式和推广服务创新。特别是通过线上线下互动共融丰富阅读的内容、载体、场景、形式，进一步优化阅读空间、构建阅读体系、营造阅读文化，使阅读融入职工工作生活的日常，融入企业文化、职工文化建设，实现生命力、影响力的全面提升。

第五，立足知识服务，整合自有平台的资源优势，更好助力工会工作、服务职工成长。全面推进全国工会电子职工书屋和技能强国-全国产业工人学习社区、学习强会之间合作联动，搭建“互联网+职工文化”平台，推动职工文化网络化传播，发挥已有内容资源优势和服务模式优势，根据不同职工群体特点、偏好有针对性地提供教育培训、技能提升、执业资格认定等知识服务，推动职工书屋的数字化发展。

在全国总工会的领导下，广大工会干部和职工书屋工作者一定会借国家推进现代公共文化服务体系的大潮，充分发挥主观能动性、积极性和创造性，将职工书屋精心打造成诚挚服务与联系职工，更具时代鲜明特色和社会影响力的越来越大的工会工作品牌，将进一步扩大覆盖面，为全国广大职工提供更多优秀的精神文化读物。职工书屋也将在不断创新中发展、丰富自己，以适应广大职工读者，特别是年轻职工、农民工不断提升的精神文化需求，成为职工群众的美好精神家园，成为实现中华民族伟大复兴的中国梦的文化平台。

大事记

2006年

在全国总工会、河南省总工会及内黄县总工会等多方努力下，全国首家职工书屋于11月3日在河南省安阳市内黄县正式落成。

2007年

4月中旬　全国总工会宣教部与中国工人出版社组成调研小组，赴内黄县总结职工书屋建设经验，并提出在全国建设工会职工书屋的方案。时任中华全国总工会党组书记、副主席、书记处第一书记孙春兰批示："此项活动意义重大，影响深远。要深入细致研究，精心筹划安排；要办就办好，办成品牌，不作权宜之计。"

6月12日　全国总工会调研组赴内黄县进行专题调研，就计划开展职工书屋建设工作与当地工会企业人员和职工读者进行现场交流。

11月9日　全国总工会书记处会议研究在全

国实施职工书屋工程。会议审议通过了《“职工书屋”建设实施意见》、《关于“职工书屋”筹建工作的汇报》、《“职工书屋”示范点建设资金使用与监管办法》，确定成立全国工会职工书屋建设领导小组，并在中国工人出版社设立全国工会职工书屋图书配送中心。

2008 年

1 月 3 日　全国工会职工书屋建设工作电视电话会议在全国总工会举行，部署全国工会职工书屋建设工作。时任中共中央政治局委员、中华全国总工会主席王兆国对这项工作高度重视，指示全国总工会书记处一定要办好职工书屋。

1 月 18 日和 23 日　全国总工会办公厅向全国各省、自治区、直辖市总工会印发了《中华全国总工会关于开展全国工会“职工书屋”建设的实施意见》和《中华全国总工会办公厅关于申报全国“职工书屋”示范点的通知》。

3 月 10 日　时任中华全国总工会副主席、书记处书记、全国工会职工书屋建设领导小组组长倪健民主持召开全国工会职工书屋建设领导小组第一次会议，就做好职工书屋建设具体工作进行部署。

4 月 14 日　第一批 1000 家职工书屋示范点图书配送工作正式启动，全国工会职工书屋建设领导小组全体成员到图书配送物流基地现场部署图书配送工作。

8 月　时任国家新闻出版总署党组成员、副署长邬书林等对职工书屋建设工作给予高度评价：职工书屋工程有利于培养全民读书，形成良好的社会风气，是建设和谐社会、利国利民的一项重大举措。

2009 年

5 月　为促进全国工会职工书屋建设工作经验和信息的交流，全国工会职工书屋图书配送中心开始编发《职工书屋通讯》。

7—11 月　全国总工会宣教部组织开展“读书——助我素质提升”主题读书征文活动，促进了职工阅读学习活动的开展。

11 月　在中央宣传部、国家新闻出版总署共同主办的全民阅读活动经验交流会上，全国工会职工书屋建设工程荣获“全民阅读优秀项目奖”。

12月　中国工人出版社在落实全国工会职工书屋图书配送中心职能的基础上成立职工书屋工作办公室，在全国工会职工书屋建设领导小组的领导和全国总工会宣教部的协调指导下进一步加强全国工会职工书屋建设工作。

2010年

3月　全国工会职工书屋建设领导小组成立专刊编委会，《职工书屋通讯》改版为《职工书屋》专刊。

4月　职工书屋建设被列入《全国职工素质建设工程五年规划（2010—2014年）》。

7月　职工书屋名称及标志在国家工商总局商标局进行商标登记注册。

2011年

1月18日　时任中华全国总工会党组书记、副主席、书记处第一书记王玉普在全国总工会十五届五次执委会议上的工作报告中指出，要推进职工书屋建设，大力开展向农民工送文化活动。

9月26—29日　首期全国工会职工书屋管理人员交流培训班在山东青岛举办。

2012年

4—7月　全国总工会开展“面对面、心贴心、实打实服务职工在基层”活动，建设155家全国工会职工书屋示范点。

9月17—20日　第二期全国工会职工书屋管理人员交流培训班在江西井冈山举办。

12月　职工书屋工程完成首个五年建设任务，建成全国级示范点5000家，带动各地工会建成职工书屋逾五万家。

2013年

1月30日　全国工会职工书屋官方微信公众号“全总职工书屋”正式上线。

7月25—26日　第三期全国工会职工书屋管理人员交流培训班在京举办，围绕职工书屋今后五年发展规划进行了深入研讨。

2014 年

1 月 27 日　在时任中华全国总工会副主席、书记处书记、党组副书记、全国工会职工书屋建设领导小组组长刘国中的主持下，全国总工会出台《全国工会职工书屋建设工程五年规划（2014—2018 年）》，提出“综合化、便利化、数字化”的发展方向。

4 月 17 日　全国总工会组织开展“争当学习型职工读书行动”。

7 月　时任中华全国总工会党组书记、副主席、书记处第一书记陈豪在河北基层企业调研时，视察职工书屋等基层企业文化阵地，强调要进一步做好企业文化和职工文化建设，实现职工的更广泛交流和企业的人文关怀。

8 月 28—29 日　第四期全国工会职工书屋管理人员交流培训班在内蒙古自治区呼和浩特举办，专题研究职工书屋数字化延伸发展。时任中华全国总工会党组成员、经费审查委员会主任、全国工会职工书屋建设领导小组组长李守镇对下一步职工书屋建设，特别是推进职工书屋数字化建设作了部署。

12月　按照全国总工会的统一部署，中国工人出版社设立数字传播中心（与职工书屋办公室合署办公），调集专门人员筹备电子职工书屋建设工作。

2015 年

3月　《全国工会电子职工书屋建设工作总体方案》获全国工会职工书屋建设领导小组审议通过，并被列入全国总工会当年工作要点。

10月21日　时任中共中央政治局委员、中华全国总工会主席李建国视察中国工人出版社，指示要把职工书屋作为重要的工会工作和品牌工程做大做强。

12月21—23日　第五期全国工会职工书屋管理人员交流培训班在京举办，全国工会电子职工书屋阅读系统正式开通。

12月　《全国总工会改革试点方案》将职工书屋列为中国工会工作品牌之一。

2016 年

1月　全国工会职工书屋建设领导小组就做

好电子职工书屋推广应用作出部署，推动电子职工书屋在各地工会组织、基层单位和广大职工的广泛覆盖。

11 月 17—18 日　第六期全国工会职工书屋管理人员交流培训班在沈阳举办。

12 月底　第十二届全国人民代表大会常务委员会第二十五次会议通过《公共文化服务保障法》，将职工书屋和工人文化宫一并纳入国家公共文化设施服务场所范围。

2017 年

2 月　全国总工会制定印发《全国工会网上工作纲要（2017—2020 年）》，将进一步健全电子职工书屋阅读系统列入重点建设的十类应用中“宣传教育类项目”。

4 月 21 日　首届“阅读经典好书 争当时代工匠”全国工会职工书屋主题阅读交流活动启动仪式在京举行。全国总工会、中央宣传部、国家新闻出版广电总局有关领导同志，部分专家学者、劳模代表，主要省市、企业工会负责人和职工代表参加启动仪式。

10月11—12日　全国工会职工书屋创新发展论坛在安徽马鞍山举行。论坛发布了职工书屋建设近10年来典型成果，全体与会人员围绕做大做强职工书屋品牌、推动职工书屋创新发展进行了深入交流研讨。

2018年

1月　职工书屋十周年系列宣传活动集中开展，其中，以“不忘初心 续写蓝图”为主题的全国工会职工书屋建设十周年成果展在全国总工会机关举办。

4月19日　全国工会职工书屋建设领导小组在石家庄人民会堂举办“学习习近平新时代中国特色社会主义思想”职工诵读会，并启动第二届“阅读经典好书 争当时代工匠”全国工会职工书屋主题阅读交流活动。

10月22日　中国工会十七大隆重召开，全国人大常委会副委员长、中华全国总工会主席王东明在大会报告“过去五年工会工作的重要成就”和“今后五年工会工作的主要任务”中，均对职工书屋建设做了强调，进一步明确了职工书屋建设的目标。

11 月 20—21 日　全国工会职工书屋品牌建设交流会在河北沧州举行，时任中华全国总工会党组成员、经费审查委员会主任、全国工会职工书屋建设领导小组组长李晓钟出席会议。会议强调各级工会要贯彻落实好习近平总书记同中华全国总工会新一届领导班子成员集体谈话时的重要讲话精神，按照工会十七大确定的工作目标，积极探索职工书屋新的建设、管理、服务模式，通过现代化的手段，把书屋建设得更好，打造成名副其实的服务亿万职工的精神文化家园、闪亮的工会工作品牌，不断推动职工书屋建设上台阶上水平。

全年开展多场向 2022 年冬奥会场馆建设者等一线职工送文化系列活动，为一线劳动者送去精神文化食粮。

2019 年

3 月 21 日　全国工会职工书屋建设领导小组会议召开，《全国工会职工书屋建设工程五年规划（2019—2023 年）》出台，就推动全面深度覆盖、全面提升文化品质等方面对职工书屋进一步创新发展作出部署。

4 月 22 日　时任中华全国总工会党组书记、副主席、书记处第一书记李玉赋主持召开全国总工会第十七届书记处第十次会议，专题研究职工书屋工作。这是全国总工会书记处第一次专题研究职工书屋工作，此次会议为今后一个时期职工书屋的建设工作指明了发展方向。

4 月 23 日　由全国工会职工书屋建设领导小组主办，全国总工会宣传教育部、中国工人出版社联合承办的第三届“阅读经典好书 争当时代工匠”全国工会职工书屋主题阅读交流活动启动仪式在京举行。

11 月　“阅读经典好书 争当时代工匠”全国工会职工书屋主题阅读交流活动荣获中宣部“全国全民阅读优秀项目”。全国工会电子职工书屋阅读系统 3.0 上线，再次实现全面改版升级，提供更加丰富精准的阅读文化服务。

12 月 2 日　“与共和国同行”全国职工主题阅读活动在中铁建工集团举行，全年 70 场“与共和国同行”全国职工主题阅读活动圆满收官。

2020 年

4 月 23 日　第四届“阅读经典好书 争当时代工匠”全国工会职工书屋主题阅读交流活动在京启动。全国工会职工书屋建设领导小组发布了职工书屋五大助力抗疫行动，启动女职工休息哺乳室图书配送项目、“全国工会品牌企业职工阅读联盟活动”计划，并同步启动“中国工人杯”全国职工读书知识竞赛。

5 月 18 日　《全国工会职工书屋管理办法（试行）》印发，将加强顶层设计和吸收基层经验相结合，从建设标准、使用管理和数字阅读平台接入等各方面提供全面系统的指导和规范，推动全国各级工会建好、管好、用好职工书屋。

9 月 14 日　“职工书屋示范点”被列入第二批全国创建示范活动保留项目目录。

10 月 10 日　中央宣传部印发的《关于促进全民阅读工作的意见》首次写入职工书屋建设，明确提出“国家机关、企事业单位和其他组织可以设立职工书屋、图书室等，为本单位人员提供阅读便利”。

12 月 7—8 日　2020 年全国工会职工书屋建

设成果展示交流活动及“中国工人杯”全国职工读书知识竞赛总决赛在福建厦门举行，新华网、央视新闻等中央媒体进行了全程直播。

2021 年

2 月 10 日　全国工会职工书屋建设领导小组于春节前夕在京开展“留在工作地 开心过大年”——2021 全国职工网络大团圆新春活动，吸引了在线收看逾 150 万人次。同时向基层一线在岗职工赠送新春文化礼包，惠及职工 30 万余人。

4 月 23 日　第五届“阅读经典好书 争当时代工匠”全国工会职工书屋主题阅读交流活动暨“把一切献给党 · 劳动创造幸福”读书活动启动仪式在京举行。

12 月 21 日　“中国梦 · 劳动美——永远跟党走 奋进新征程”全国职工党史知识竞赛总决赛举行。

12 月 28 日　“把一切献给党 · 劳动创造幸福”读书活动航天专场在京举办，全年 100 场“把一切献给党 · 劳动创造幸福”读书活动圆满收官。

2022 年

1 月 28 日　在全国工会职工书屋建设领导小组、全国总工会技能强国-全国产业工人学习社区建设领导小组的指导下，推出“迎冬奥贺新春，工会陪你过大年”全国职工网络大团圆活动。

4 月 22 日　第六届“阅读经典好书 争当时代工匠”全国工会职工书屋主题阅读交流活动暨“喜迎二十大 建功新时代”全国职工主题阅读活动启动仪式在京举行，时任中华全国总工会党组书记、副主席、书记处第一书记陈刚等全国总工会领导和劳模代表共同启动迎接党的二十大和宣传贯彻党的二十大精神的 20 场系列活动。

10 月　职工书屋联合中国工人杂志社、技能强国-全国产业工人学习社区、学习强会推出党的二十大精神学习平台，构建随时学、随地学、自主学、互动学的云端学习生态。

12 月　“中国梦·劳动美——凝心铸魂跟党走 团结奋斗新征程”全国职工学习党的二十大精神知识竞赛举办。

2023 年

4 月 25 日　庆祝全国工会职工书屋建设 15 周年暨第七届“阅读经典好书 争当时代工匠”全国工会职工书屋主题阅读交流活动在京启动，中华全国总工会党组书记、副主席、书记处第一书记徐留平出席会议。会议总结职工书屋建设取得的经验做法，进一步优化创新主题阅读交流活动，推动在亿万职工中形成多读书、读好书、善读书的良好风尚。

6 月 6 日　全国工会职工书屋建设领导小组 2023 年第一次工作会议在京召开。会议强调要紧密结合学习贯彻习近平新时代中国特色社会主义思想主题教育，紧紧围绕职工思想政治引领和综合素质提升两大主线，推动职工阅读学习。

图书在版编目（CIP）数据

职工书屋 / 张帆，张爱民编著 .—
北京：中国工人出版社，2023.9
ISBN 978-7-5008-8242-8

Ⅰ . ①职… Ⅱ . ①张… ②张… Ⅲ . ①工会工作 - 概况 - 中国
Ⅳ . ① D412.6

中国国家版本馆 CIP 数据核字（2023）第 151913 号

职工书屋

出 版 人 董 宽
责任编辑 罗荣波
责任校对 张 彦
责任印制 栾征宇
出版发行 中国工人出版社
地　　址 北京市东城区鼓楼外大街45号 邮编：100120
网　　址 http://www.wp-china.com
电　　话 （010）62005043（总编室）
（010）62005039（印制管理中心）
（010）62382916（工会与劳动关系分社）
发行热线 （010）82029051 62383056
经　　销 各地书店
印　　刷 北京美图印务有限公司
开　　本 787毫米×1092毫米 1/32
印　　张 5.125
字　　数 70千字
版　　次 2023年10月第1版 2023年10月第1次印刷
定　　价 38.00元

本书如有破损、缺页、装订错误，请与本社印制管理中心联系更换